丸の内タニタ食堂

行列のできる500kcalのまんぷく定食とお弁当

タニタ

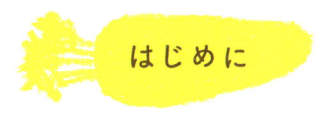

はじめに

タニタ社員食堂の荻野です。

今回も手に取っていただき、ありがとうございます。

『体脂肪計タニタの社員食堂』を出版して以来、続編含めてご愛読いただき、このたび3冊目『丸の内タニタ食堂』を出すことになりました。私自身もびっくりしています。

「丸の内タニタ食堂」も、タニタの社員食堂のルール─エネルギーは500kcal前後、塩分は3.0g前後、野菜たっぷり（150〜250g）─を守ったレシピです。

社員食堂とはまた違った「丸の内タニタ食堂」のレシピですが、毎日300人を超えるお客様に食べていただいている自信作です。この本では、「丸の内タニタ食堂」オリジナルの週替わり定食に加え、丸の内タニタ食堂特製弁当のレシピも紹介しています。

「丸の内タニタ食堂」にお越しいただけない遠方の方でも、ご自宅で定食、お弁当を作っていただくことができます。特にお弁当は、できるだけ簡単に作れるようなメインおかずが特徴です。3冊目が出版できたお礼として、ささやかではありますが、社員食堂で提供しているスイーツも掲載しました。バリエーション豊富なレシピが詰まった本ができました。まずはページをめくって作ってみたい1品を探してみてください。

この本のレシピも食卓の1品として作っていただけるととてもうれしいです。

2013年　4月

（株）タニタ 総務部 栄養士 食堂担当　荻野菜々子

丸の内タニタ食堂 7
    「丸の内タニタ食堂」の基本のルール 8
    「丸の内タニタ食堂」のメニュー 10
    タニタ式「これだけ守れば健康食事」3カ条 12

column 1　食材が手に入らない場合 14

健康偏差値アップのタニタ教室 15
    タニタ式の食事はなぜ健康？ 16
    タニタ式で血糖値を下げる 18
    血糖値を上げない食べ方 20

column 2　タニタとよい眠り 22

週替わり定食 23

457 kcal	かじきとしいたけのマヨネーズ焼き定食	24
476 kcal	タイ風ココナッツチキン定食	26
560 kcal	さわらのベジタルタルソース定食	28
562 kcal	チキンの夏野菜ラタトゥイユソース定食	30
525 kcal	真鯛の野菜あん定食	32
478 kcal	チキンのジェノバクリーム定食	34
565 kcal	かぼちゃバーグの和風あんかけ定食	38
502 kcal	鮭と4種のきのこの豆乳クリーム定食	40
557 kcal	なすと豚ひき肉のはさみ焼き定食	42
529 kcal	チキンのカルボナーラソース定食	44
452 kcal	鮭ときのこの包み蒸し定食	46
502 kcal	鶏唐揚げの黒酢南蛮定食	48
412 kcal	たらと温野菜のゆず胡椒あん定食	50
546 kcal	鶏肉のチーズクリームソース定食	52
627 kcal	寒ぶりとれんこんのみぞれ煮定食	54
594 kcal	にんじんミートローフの野菜ソース定食	56
533 kcal	えびのチリソース定食	58

column 3　タニタレシピ「あるある」…… 61

私たち、リピーターです！　ビジネスマンの健康管理に大助かり …… 62

タニタ弁当 …… 63

タニタ式弁当のコツ …… 64
466 kcal　てりやきチキン弁当 …… 66
451 kcal　鮭のカレー焼き弁当 …… 67
503 kcal　さばのねぎ味噌焼き弁当 …… 68
548 kcal　豚肉のごまごま焼き弁当 …… 69
445 kcal　鶏肉のごま味噌焼き弁当 …… 70
482 kcal　鮭の焼き浸し弁当 …… 71
563 kcal　豚肉の黒こしょう炒め弁当 …… 72
552 kcal　豚肉のしょうが焼き弁当 …… 73
493 kcal　豚肉と玉ねぎの甘辛炒め弁当 …… 74
500 kcal　さわらのねぎソース弁当 …… 75
549 kcal　ふわふわつくね弁当 …… 76
460 kcal　さわらの野菜あんかけ弁当 …… 77
464 kcal　ささみの唐揚げ弁当 …… 78
487 kcal　鮭のこしょう揚げ弁当 …… 79

弁当お助け副菜
51 kcal　キャベツとわかめのごま酢和え …… 81
41 kcal　だいこんなます …… 81
39 kcal　野菜の甘酢和え …… 81
34 kcal　だいこんのなめたけマヨ和え …… 83
46 kcal　高野豆腐とほうれん草のおひたし …… 83
70 kcal　大豆もやしのピリ辛サラダ …… 83
118 kcal　マカロニサラダ …… 84
82 kcal　中華サラダ …… 84
59 kcal　キャベツとちくわのサラダ …… 85
67 kcal　春雨とちんげん菜の炒め物 …… 87
63 kcal　こんにゃくのトマト炒め …… 87
56 kcal　ひじき豆腐 …… 87

kcal	料理名	ページ
63 kcal	小松菜とさつま揚げのコチュジャン炒め	88
73 kcal	きのことれんこんの炒り煮	89
42 kcal	カリフラワーの炒め物	89
49 kcal	れんこんの煮物	91
90 kcal	豚肉とごぼうの甘辛煮	91
104 kcal	小松菜と厚揚げの煮物	91

私たち、リピーターです！ 継続可能な健康的ダイエットに感激 …… 92

タニタスイーツ …… 93

kcal	料理名	ページ
129 kcal	スイートパンプキン	95
64 kcal	ヨーグルトケーキ	95
82 kcal	豆乳プリン	97
91 kcal	水ようかん	97
147 kcal	かるかん	98

タニタ食堂Q&A …… 99

調理について …… 100
食材について …… 101
メニューについて …… 102
その他 …… 103

使いまわしさくいん …… 104
食材分量の目安 …… 106
調味料分量換算表 …… 108
タニタの取り組み …… 109
ようこそ、丸の内タニタ食堂へ！ …… 110

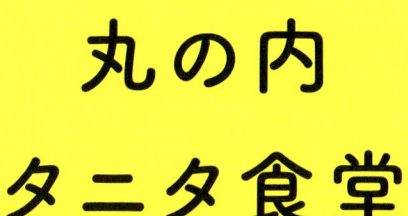

丸の内
タニタ食堂

いらっしゃいませ。
丸の内タニタ食堂の開店です。
健康的にダイエットを目指すお客様を
全力でサポートさせていただきます。

「丸の内タニタ食堂」の基本のルール

「丸の内タニタ食堂」には、あっと思わせる知恵と工夫が詰まっています。
どれも楽しくて、健康づくりに役立つことばかり。ぜひ、参考にしてください。

米飯を自分でよそいます。
量は必ずはかりましょう。

セルフサービスです。厨房スタッフに食券を渡したら、米飯をよそいましょう。お茶わんの内側の2本のラインが、分量の目安となっています。通常の白米の場合、上のラインは150g(240kcal)、下のラインは丸の内タニタ食堂が推奨する100g(160kcal)。カロリーは、炊飯器の前にも表示してあります。

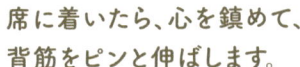

席に着いたら、心を鎮めて、
背筋をピンと伸ばします。

よい姿勢は健康とダイエットの極意です。あごを引き、背筋を伸ばし、お腹をひっこめ、骨盤を起こして椅子に腰かけるようにしましょう。実はたったこれだけで、背中を丸めて座っているときよりもカロリーを多く消費することができて、消化も促進されます。

20分以上は時間をかけて、
よく噛んで食べましょう。

各テーブルにキッチンタイマーが置いてあります。食事にかかる時間をはかってみてください。20分以内に食べ終わりそうだったら、早食いが癖になっているかもしれません。よく噛んで食べることは満腹感と満足感に通じています。スローペースで味わいましょう。

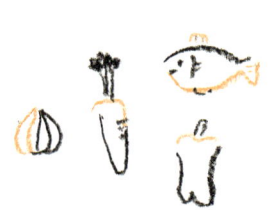

薄味に秘められた
素材の旨味を味わいましょう

テーブルに食卓塩やしょうゆを置いておりません。タニタ式の特徴である「塩分控えめ」のためですが、それだけではなく、薄味だからこそ楽しめる素材本来の旨味を味わっていただく目的でもあります。

500kcalでも大満足の
定食です。
家庭でも真似してください。

大食漢の男性からも、「満腹になれる」と好評です。これが、丸の内タニタ食堂最大の魅力。がまんをせずに、自然とからだが変わるレシピになっています。工夫とコツは、この本にまとめました。家庭でも真似してみてください。あなたもきっとヘルシー志向に変わっていくはずです。

「丸の内タニタ食堂」が
できるまで

　健康計測機器メーカーのタニタが、社員の健康維持＆増進のための社員食堂を設けたのは、12年前のことです。当初のメニューはカロリーと塩分の低さだけが重要視され、美味しさの追求まではできていませんでした。

　しかし、健康意識の高い社員の意見を反映させながら、歴代の栄養士が愛情とアイデアを駆使してメニューを進化させてゆきます。美味しくてからだによい定食が食べられる「タニタの社員食堂」は、いつしか社員みんなの健康を支える存在になり、誇りになりました。

　タニタの社員食堂では……、
● 季節のたっぷり野菜が中心
● 1食が500kcal前後
● 栄養のバランスがよい
● 塩分控えめ
● 美味しくて満腹になれる

　そんな条件を全て満たした、理想の定食が毎日食べられるのです。

　タニタ社員食堂のレシピをまとめた料理本『体脂肪計タニタの社員食堂』（正・続／大和書房刊）は好評をいただき、メニューを再現した定食を誰にでも食べていただけるお店もできました。それが、「丸の内タニタ食堂」です。

　70席分の白いテーブルと木目の椅子が並ぶ、明るく清潔感のある食堂です。壁面は大きなガラス張りで、店内は温かい照明に照らされており、来店したお客様がリラックス効果を得られるようにとBGMやアロマテラピーも、オリジナルのものを作りました。

　米飯の量をはかるデジタルクッキングスケールや、食事に要した時間をカウントするタイマーは自由に使うことができます。

　プロフェッショナル仕様の体組成計で部位ごとの脂肪率や筋肉量などを計測することもでき、その結果に基づいて管理栄養士からのアドバイスを受けられるカウンセリングルームも設けました。タニタの最新計測機器である活動量計や、家庭用の体組成計も展示・販売しています。

　「健康をはかる」を経営の柱に据えるタニタの知恵と工夫の結晶である、「丸の内タニタ食堂」から生まれた新しいレシピをまとめたのがこの本です。すでにタニタのレシピを活用してくださっている人にも、これからタニタのレシピを試したいという人にも、役立てていただければ幸いです。

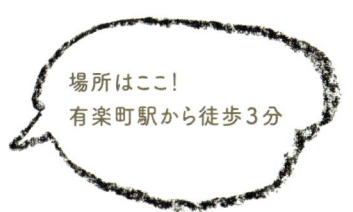

場所はここ！
有楽町駅から徒歩3分

「丸の内タニタ食堂」
東京都千代田区丸の内3-1-1
丸ノ内国際ビルヂング地下1階
営業時間：11:00-15:00（完売次第終了）
土、日、祝日は休業
http://www.tanita.co.jp/company/shokudo/index.php

「丸の内タニタ食堂」のメニュー

タニタの社員食堂と同じく、丸の内タニタ食堂の定食も米飯と「一汁三菜」で構成されています。和食だけでなく洋食やエスニックの日もあり、バラエティ豊かです。

汁物
満腹感を助けてくれる汁物には、多めの浮き実や具が入っています。塩分は控えめで、メニュー全体にマッチした味付けです。

副菜（大）
野菜をたっぷり摂ることができます。食べ応えがあり、腹持ちがよくなるように考えられています。

ごはん
タニタの社員食堂では、精白米、玄米、胚芽米をローテーションで。丸の内タニタ食堂では、玄米よりも食べやすく、胚芽の栄養豊富な部分だけを残しつつ、カロリーが低い金芽米という専用米を使っています。

メインのおかず
肉や魚、豆腐などの良質なたんぱく質を使ったメインの料理です。米飯がなくても食べられる薄味ながら、素材の旨味を生かして美味しく仕上げました。

副菜（小）
和え物や煮物など、さっと作れるものが中心です。量は少なめですが、この一品で栄養のバランスがよくなります。

米飯の分量とカロリーについて

ふつう盛り
100g・160kcal

大盛り
150g・240kcal

※定食、弁当の総カロリーは、米飯100g・160kcalで計算しています。

■レシピのこと

野菜の「洗う」「皮をむく」「アク抜きをする」などの下ごしらえは省略しています。

食材の分量は、イメージしやすいようにできる限り½本、5cm、1束、1枚など、目安分量を併記しました。目安として参考にしてください。

炒め油や揚げ油は「油」と表記していますが、オリーブ油など好みのものを使ってもかまいません。

■だし汁のこと

昆布とかつお節で作ります。密閉容器に入れれば、冷蔵庫で数日間保存できますが、なるべく早めに使い切りましょう。市販の顆粒だしは塩分が高くなるので、注意しましょう。

■だし汁の簡単レシピ

[材料] 水1000ml、昆布10g、かつお節10g
鍋に水と昆布を入れて火にかけ、沸騰直前に昆布を取り出し、かつお節を加えてすぐに火を消します。ざるかキッチンペーパーで濾してできあがり。

■煮物や炒め煮のだし汁について

煮物料理などは、火加減や水の分量によって表記しただし汁では足りなくなる場合があります。様子を見ながら、足し水、落としぶたをしてください。

■コンソメスープのこと

市販の顆粒（もしくは固形）のコンソメを、商品の分量通りに溶かして使います。

■中華スープのこと

市販の中華だしの素や、鶏ガラスープの素を商品の分量通りに溶かして使います。

■水溶きかたくり粉のこと

かたくり粉大さじ1に対して、水大さじ3で溶いて使います。

■ドレッシングとマヨネーズのこと

ドレッシングは市販のドレッシングを使用しています。カロリーと塩分は控えめのものがおすすめです。マヨネーズはカロリーが半分のものを使用しています。

タニタ式「これだけ守れば健康食事」3カ条

500kcalで満腹になれるメニューづくりのためにタニタが編み出した、「これだけ守れば健康食事」の方法です。今日からすぐ実践できるので、トライしてください！

その1
食材、調味料は「はかる」

　油、塩、砂糖、しょうゆなどの調味料は、計量スプーンやクッキングスケールではかって使いましょう。自己流の味付けで仕上げると、ついつい味が濃くなってしまうことがあります。

　市販の顆粒だしには塩分が高いものもあります。所定の分量どおりに使いましょう。

　食材もレシピに従ってはかりましょう。きちんとはかって、美味しく食べて、健康的に痩せる。これがタニタの目指す理想です。

その2
噛み応えを残す

● 野菜はやや大きめに切る

　野菜を切るときには、"いつもより少し大きめ"にしましょう。あえてごろっと乱切りにしたり、厚く大きく切ることで、噛む回数が自然と増えます。

　よく噛み、時間をかけて食べることは満腹感や満足度に繋がります。

　ちなみに、食事を始めて15〜20分経つと、満腹中枢が刺激されて満腹感が得られ、食べ過ぎやドカ食いを防止できます。

● 歯応えを残して調理する

　茹でる、炒める、煮るといった加熱調理の際に、あえて歯応えが残る程度で加熱をストップしましょう。食感が変わるだけでも、食後の満足度はかなり違います。

その3

油は除く、控える

●オーブントースターを活用する

フライパンで調理するより、オーブントースターやガスコンロのグリルを使ったほうが、油が少なくてすみます。火加減も簡単で、慣れると便利です。

オーブントースターを使うときは、必ず天板を使用し、焦げ付き防止のためにクッキングシートを敷き、その上に食材を置きます。メニューによっては、表面に焦げ目が付きますので、焦げ過ぎ防止にはアルミホイルをかぶせるとよいでしょう。

※この本ではオーブントースターは1000Wで使用しています。
※オーブンを使う場合は、メーカーの取り扱い説明に従って調理してください。目安は、230℃で肉・魚とも10～15分です。

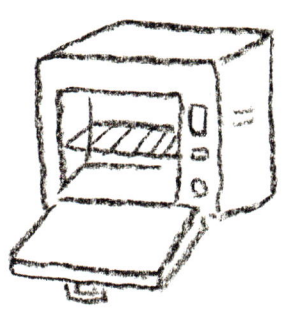

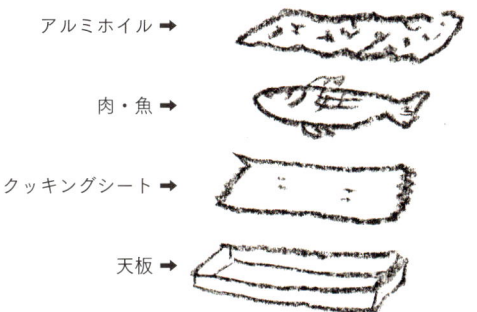

アルミホイル ➡
肉・魚 ➡
クッキングシート ➡
天板 ➡

●フライパンはテフロン加工のものを

フライパンを使うなら、テフロン加工のものがおすすめです。油をまわしてから余分な油をキッチンペーパーで吸い取ると、使用量が最小限ですみます。

●肉の脂身を取り除く

鶏肉は皮と余分な脂身を取り除きましょう。キッチンばさみを使うとカットが簡単です。脂肪分の少ないささみやむね肉を選ぶのもよいでしょう。豚肉もできるだけ脂身を取り除きます。

●揚げ物の衣は薄く付ける

唐揚げなどのときには、衣を付ける前に肉の水気をしっかりふき取りましょう。茶こしにかたくり粉や小麦粉を入れてふりかけると、衣を均等に薄く付けることができ、油分の吸収が抑えられます。

column 1

食材が手に入らない場合

季節やスーパーなどの入荷の状況によっては、レシピに必要な食材を入手できないことがあります。
そこで、とくにお問い合わせの多い「魚」を中心に、
おすすめの代替食材をまとめました（同じ分量で差し替えることができます）。

ページ	メニュー		

25　かじきとしいたけのマヨネーズ焼き　　かじき ➡ 鮭
脂ののったものより、少ない鮭がおすすめです。塩鮭は塩分が高くなります。

27　タイ風ココナッツチキン　　ココナッツミルク ➡ 牛乳
クセがなく、あっさり味に仕上がります。

29　さわらのベジタルタルソース　　さわら ➡ 鮭
鶏肉で作っても、タルタルソースに合います。

33　真鯛の野菜あん　　真鯛 ➡ 金目鯛
金目鯛も真鯛に劣らず美味。さわらでも合います。

41　鮭と4種のきのこの豆乳クリーム　　鮭 ➡ かじき
鮭よりも淡白な味に仕上がります。

45　チキンのカルボナーラソース　　ハム ➡ ベーコン
カロリーはアップしますが、コクが出て美味しくなります（ハム10g・4kcal→ベーコン10g・41kcal）。

47　鮭ときのこの包み蒸し　　鮭 ➡ たら
バターを少し入れると洋風になります。バターは小さじ1（4g）で30kcal。

51　たらと温野菜のゆず胡椒あん　　たら ➡ さわら
カロリーはアップしますが、食べ応えたっぷり（たら100g・77kcal→さわら100g・177kcal）。

53　鶏肉のチーズクリームソース　　ブラウンマッシュルーム ➡ しめじ
まいたけやえのき茸など、きのこ類ならなんでもOKです。

55　寒ぶりとれんこんのみぞれ煮　　寒ぶり ➡ さば
カロリーは低くなります（ぶり90g・231kcal→さば90g・182kcal）。

67　鮭のカレー焼き弁当　　鮭 ➡ かじき
あまり脂がのっていない部位をチョイスしてください。

68　さばのねぎ味噌焼き弁当　　さば ➡ さわら
さばに比べてあっさりしますが、ねぎ味噌がきいてます。

71　鮭の焼き浸し弁当　　鮭 ➡ さわら
カロリーはアップしますが、しっかりした味に（鮭100g・133kcal→さわら100g・177kcal）。

75　さわらのねぎソース弁当　　さわら ➡ 鮭
あっさりとした仕上がりになります。

77　さわらの野菜あんかけ弁当　　さわら ➡ さば
こってりした味わいに。苦手なら鮭でも◯。

79　鮭のこしょう揚げ弁当　　鮭 ➡ かじき
バルサミコ酢をかけても美味しくなります。

● ちんげん菜、ほうれん草、白菜、小松菜などの葉物野菜は……
それぞれに差し替えをしても、それほど問題はありません。ちんげん菜や小松菜はそのまま使えますが、
ほうれん草はアクが多いので、気になる場合は下茹でをしましょう。

健康偏差値アップのタニタ教室

当レストランでは
500kcalのまんぷく定食が自慢ですが、
カロリーコントロールだけが
健康ダイエットの秘訣ではありません。

タニタ式の食事はなぜ健康？

「食事が変われば、からだも変わる」。
続けることで、誰もが健康的なからだになれるタニタ式の食事（以下、タニタ式）。
お医者さんも太鼓判を押している、効果の理由を解説します。

太った人ほど
病気になりやすい！

　食べ続けるうちに余分な脂肪が自然に減って、健康になれると大評判のタニタレシピ。社員食堂を利用して大幅な減量に成功した社員や、健康診断の結果が改善したという社員がたくさんいることが、その効果を証明しています。タニタ式はなぜ、健康的なダイエットに役立つのでしょうか。そもそも、なぜ肥満はからだに悪いのでしょうか。

　肥満とは、からだに脂肪が必要以上に溜まった状態のことです。脂肪は「皮下脂肪」と「内臓脂肪」に分けられますが、なかでも危険なのは、内臓脂肪が増え過ぎた「りんご型肥満」です。内臓脂肪が過剰に蓄積されると、糖尿病、脂質異常症、高血圧症といった生活習慣病に繋がる症状が、次々と引き起こされます。このようなリスクが重なった状態を、「メタボリックシンドローム」と呼びます。

　例えば、BMI（※）が27に上がると、BMIが25のときと比べて糖尿病を発症する確率が、2倍になると言われています。

　糖尿病は放っておくと数年で神経障害や目の病気、また腎臓病などの合併症を引き起こす怖い病気です。また、糖尿病になるとアルツハイマー病やガンにかかる確率も上がります。

　メタボになると、動脈硬化（※）も進行します。健康診断で高血糖のほか、悪玉コレステロールや中性脂肪の増加といった、脂質異常を指摘されたら、動脈硬化の可能性がありますから、注意が必要です。

肥満は生活習慣病を引き起こす

不適切な食生活、運動不足、などの誤った生活習慣

↓

肥満、軽度の高血糖、高血圧

↓

メタボリックシンドローム

↓

さらなる肥満症、糖尿病、高血圧症、脂質異常症へ

↓

脳卒中、心臓病、糖尿病合併症などの
重篤な病気の引き金に

　これに高血圧が加わると、危険度はさらに高まります。動脈硬化によって血管が詰まったりボロボロになった血管に高い圧力で血流がぶつかることで、血管が破れてしまう恐れがあるからです。

　万一、脳や心臓といったからだの重要な部分の血管が詰まると、脳卒中（脳梗塞や脳出

血）、心臓病（狭心症、心筋梗塞）などの疾病を発症する可能性もあります。

このように、肥満と病気の関係を繙いてみると「太っている人ほど病気にかかりやすい」という事実に行き当たります。しかし、言い換えると「肥満を予防・解消するだけで、これだけ多くの症状や病気を遠ざけることができる」ということでもあるのです。

実際に、肥満の人が生活習慣を改めて5%減量するだけで、糖尿病の発症が抑えられるという有意のデータもあります。

脂肪1kg＝7200kcal 1カ月で確実に減らせます

美味しくて満足感があり、塩分は少なめで栄養バランスがよく、カロリー控えめのタニタ式を味方につければ、ダイエットは難しくありません。どんな人でも、摂取したカロリーよりも消費するカロリーが多ければ、余分な脂肪を減らすことができます。

例えば、それまで700kcal以上摂っていた昼食をタニタのレシピに変えると、1日に200kcalが抑えられます。この積み重ねと少しの運動をプラスして、1カ月間の摂取カロリーを7200kcal減らせば、約1kgの脂肪が減る計算になります。

具体的な数字で見れば、ダイエットの仕組みは意外と簡単だと思いませんか。

※BMIとは…Body Mass Index（体格指数）の略。肥満の計測法として広く知られている数値。「体重（kg）÷身長（m）÷身長（m）」で割り出す。18.5未満を「やせ」、18.5～25未満を「標準体重」、25以上を「肥満」と判定。
※動脈硬化とは…動脈が硬くなって弾性が失われたり、血管の内側が狭くなり、血液が流れにくくなった状態。

痩せる仕組みは意外と簡単！

● 摂取したカロリーより消費するカロリーが多ければ、自然と痩せる

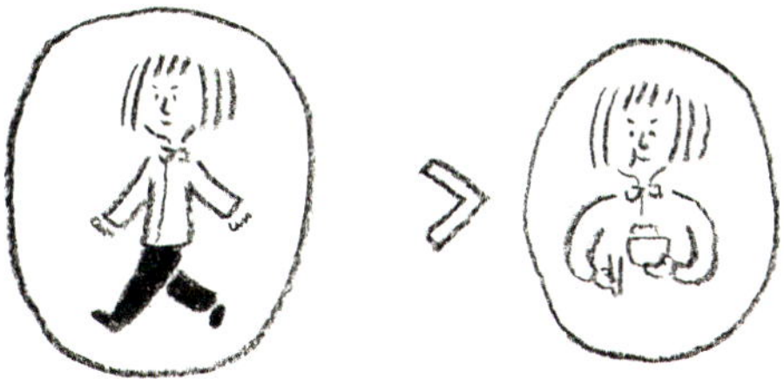

● 500kcalランチを続けて1カ月で1kgの脂肪を確実に減らす仕組み

一般的な成人男性が1日に消費するカロリーは
約2000kcal
（成人女性は約1800kcal）
一般成人の基礎代謝（1200kcal）に日常的な活動量を加えた場合

↓

ランチを500kcalに抑えると……

朝食600kcal
昼食500kcal
夕食700kcal

1日合計
1800kcal

1日に200kcalマイナスできる！

↓

-200kcal
×
31日（1カ月）
＝
-6200kcal

~7200kcalで 脂肪 -1kg

ウオーキングなどの日常的な運動でさらに1000kcalを減らせば、1カ月で1kgの脂肪が減る

● 電車やバスの中で立つ ➡ 30分で-46kcal
● 買い物でゆっくり歩く ➡ 30分で-50kcal
● 早歩きをする ➡ 30分で-102kcal

（30代女性・体重50kgの場合）

タニタ式で血糖値を下げる

魚や肉、野菜をしっかり摂り、米飯（精白米）やパンの量を控えて痩せるという食事法が注目されています。糖尿病の予防にも繋がるこの食事法と、タニタ式の考え方には共通点がありました。

血糖値とダイエットには密接な関係がある

米飯やパンに含まれる糖質を控えることが、なぜダイエットに繋がるのでしょう。その鍵を握っているのは、「インスリン」というホルモンです。

米飯やパンなどを食べると、糖質が体内でブドウ糖に変わり、血液中に取り込まれます。これが、「血糖値が上昇した状態」です。

血糖値が上昇すると、すい臓から分泌されたインスリンがブドウ糖の一部を脂肪組織の中へと運び込み、脂肪として蓄積します。

タニタ式は、米飯の量を「やや少なめ」にすることを推奨しているため、糖質を自然と控えられます。丸の内タニタ食堂にならって、家庭でもデジタルクッキングスケールを使い、よそう米飯の分量をはかることをおすすめします。

食べるときは汁物や副菜から箸をつけて、肉や魚のおかずをしっかり食べてから、最後に米飯を食べるようにしてみてください。肉や魚のたんぱく質をしっかり摂ると、エネルギーの消費量が増やされます。糖質の少ないものから食べることで、血糖値の急上昇を防ぐこともできます。これも、インスリンの分泌量を節約するコツです。

血液の中のエネルギーは、「糖→脂肪」という順番で消費されます。血糖値がきちんと下がっていれば、眠っている間にも余分な脂肪は消費されますが、血糖値がコントロールできていないと脂肪の消費は進みません。

血糖値をゆっくり上昇させて、食後1～2時間で正常な状態になるようにすることが、健康で理想的な状態です。ダイエット中の人は、カロリーと同じように血糖値のコントロールについても、意識してみましょう。

糖質の多いものばかりを食べ続けたり、暴飲暴食を繰り返したりして血糖値が何度も急上昇すると、インスリンがだらだらと分泌され続けます。

すると、次第にインスリンの供給源であるすい臓がくたびれて働きが弱まり、血糖値は下がりにくくなります。太っているとインスリンの効き目がよくなくなり（インスリン抵抗性といいます）、血糖値の調整はさらに困難になります。

この状態が続くと、いよいよ本格的な糖尿病にかかり、血液中にだぶついた糖が血管にダメージを与えるようになります。

　空腹時の血糖値は正常なのに、健康なら1〜2時間で下がるはずの食後血糖値が糖尿病の人と同じくらい高くなってしまう人は注意が必要です。糖尿病の一歩手前の「糖尿病予備群」と診断され、早期の対策が不可欠です。

運動も取り入れて
メタボにならない生き方を

　通常、血糖値の測定には血液検査が必要ですが、まめにチェックしたいという人は、「携帯型デジタル尿糖計」などを利用するのもよいでしょう。食後の血糖値をスムーズに下げるために、もうひとつおすすめしたいのは、ウオーキングなどの運動を取り入れることです。血糖値が上がり始める食後30〜1時間のタイミングを狙って、15〜30分ほど歩くのがコツです。筋肉に刺激を与えて活性化させれば、体内での糖の利用がスムーズになり、インスリンを使わずに高血糖が改善されます。

　自然と痩せることができ、血糖コントロールに役立つだけでなく、栄養のバランスがよく、塩分も控えめなタニタ式は、高血圧や脂質異常症、動脈硬化などの予防・改善策としても有効です。

　もちろん、これだけを摂っていればよいというわけではありません。タニタ式への興味をきっかけに、食事、運動、休養（睡眠）、生きがいによるトータルバランスを見直して、ぜひメタボにならない生活を身に着けてください。

池田義雄（いけだ・よしお）
タニタ体重科学研究所所長。1961年、東京慈恵会医科大学卒。同大学第3内科学教室助教授、同大学健康医学センター健康医学科教授等を経て、同大学退任後、現職に就任。（社）日本生活習慣病予防協会理事長、認定NPO法人セルフメディケーション推進協議会会長、（財）日本食生活協会代表理事。

血糖値を上げない食べ方

タニタ式の考え方と共通する「血糖値をゆっくり上げる食事法」。
そのコツを集約した5カ条を、ぜひ実践してみてください。
さらに効率よくダイエットができるはずです。

1 野菜から箸をつけましょう

　タニタ式の基本は、一汁三菜＋米飯。汁物か野菜から食べ始めて、次に肉・魚、最後に米飯という順番で、よく噛み、時間をかけて食べ進めることをおすすめしています。血糖値が段階的に上がるため、一度に大量のインスリンを使わなくても済みます。

　懐石料理やコース料理でも、前菜、副菜、汁物、主菜、米飯という順番で提供されますね。最後に血糖値を上げることで、からだにやさしく、「食事をした」という満足感を得られるようにと考えられているからでしょう。

　外食の際は、丼物やパスタ、カレー、ラーメンなどの一品料理より定食がおすすめです。その際も、食べる順番を意識しましょう。

　丼物やパスタを食べるときは、サイドオーダーでサラダやおひたし、酢の物などを追加して、一口目の野菜で血糖値をコントロールする心がけを。ポタージュスープやマカロニサラダ、ポテトサラダなどは糖質が多めですから、野菜の仲間というよりも米飯の仲間だと心得ておきましょう。

　ドレッシングやマヨネーズはカロリーや塩分を調節できるように、外食の際は別の器に入れてもらって、少しずつ使うといいですね。

2 糖質を多く含む食品は控えめに

　米飯、白いパン、うどんなどの麺類、コーンフレーク、いも類、砂糖、ビスケットやケーキなどの小麦を使った菓子類には糖質が多く、急激に血糖値を上げやすい食品です。食べ過ぎたり、偏ったりしないように注意が必要です。玄米や雑穀類、ライ麦パン、全粒粉のパンなど、未精製の材料を使ったものは、精白米や普通のパンに比べて、血糖値の上昇が抑えられます。

　米飯や白いパン、麺類を食べる場合は、野菜や食物繊維の多いきのこ類・海藻類や、血糖値を上げにくい大豆製品（納豆、豆腐）、豆のサラダなどと一緒に食べるとよいでしょう。

3 果物は朝、おやつはランチの後

果物にはさまざまなビタミンやミネラル、食物繊維や抗酸化物質（※）などが含まれていますが、果糖も多いため、夕食よりも朝食・昼食に食べるのが望ましいでしょう。

お菓子類は間食として食事の間に食べると、一度下がった血糖値を再び上げることになりますが、ランチのあとにデザートとして食べればインスリンの分泌量をセーブできます。

ただし、食事をまとめて摂ることは避けて、3食のボリュームは均等にしましょう。食事をする時間帯も、なるべく規則正しく。食事と食事の間隔が空き過ぎても、血糖値の上下の幅が大きくなってしまいます。

4 お酒は飲む量に気を付けて

日本酒やビールなどの醸造酒は糖質を含み血糖値を上げますが、焼酎やウイスキーなどの蒸留酒は糖質を含まず、血糖値を上げません。

しかし、肝臓への負担や割るものに糖質が含まれていたり、おつまみで高カロリーのものを摂りやすくなることを考えると、お酒の種類よりも飲む量を適量にし、合わせるおつまみの内容にも注意しましょう。

アルコールには脱水作用があり、飲み始めると摂取量が増えやすくなります。途中でお水やウーロン茶などを飲むのもアルコールの量を調整するためのよい方法です。

5 食後ウオーキングで血糖値ダウン

美味しく食べたあとには運動を。インスリンの力を借りなくても血糖値がぐっと下がります。昼休みに少し遠くのお店に歩いて出かければ、運動量は自然と増えるでしょう。

ダイエットを始めたら、ぜひ毎日、体重や歩数、米飯の量、食事に要した時間などを記録してみてください。「米飯を減らしたら痩せたな」「飲み会が続くと体重が減らないな」など、よい変化をうながすきっかけとなるような、"気づき"がたくさん見つかるはずです。記録は目標を立てるときにも役立つでしょう。

食事法でも運動法でも、たいせつなのはそれを習慣化して、継続することです。「はかる、わかる、気づく、変わる」を合言葉に、楽しみながら続けてください。

※抗酸化物質とは……老化や病気のもととなる、からだの酸化（サビ）を抑える物質。

龍口知子（たつのくち・ともこ）
食品会社、病院、介護関連企業での勤務を経て、現在は（株）タニタヘルスリンクに在籍。健康セミナーの講師を中心にダイエットサポートやメタボ対策の特定保健指導などの健康支援サービスを担当。全国で年間70件を超える健康セミナーを実施している。

column 2

タニタとよい眠り

「食事や運動に気を使ってもなかなか痩せない」というあなた。原因はなんと睡眠不足かもしれません。米国の研究データでも、睡眠と肥満の関連が指摘されています。

米国コロンビア大学の興味深い研究結果があります。睡眠と肥満の関係を調べたところ、1日の睡眠時間が7〜9時間の人に比べて、4時間以下の人では73%が、5時間の人では50%が肥満になりやすいという結果が出たというのです。健康的に痩せるためには、食事や運動だけではなく、毎日質のよい睡眠をきちんととることもたいせつです。実は、睡眠は食欲にも影響を与えているのです。

私たちの食欲は、胃から分泌され、食欲を増す「グレリン」と、脂肪細胞から分泌され、食欲を抑える「レプチン」という2つのホルモンのバランスで調整されています。

レプチンは脳の視床下部に作用して、「満腹だよ」というサインを送るホルモンであり、脂肪の蓄積を抑えてエネルギーの消費を促進する作用もあるものとみられています。

睡眠がきちんととれていれば、グレリンの分泌が抑えられて、急激な食欲は起こりにくくなります。反対に、睡眠時間が短いと自律神経が失調状態に陥ってレプチンの分泌が減り、食欲は暴走しがちです。

ちなみに、太っていると脂肪細胞からたくさんのレプチンが分泌されますが、レプチンを受け取る側の「受容体」が鈍って満腹感を感じにくいため、食欲抑制効果は薄れます。

そのほかにも、ストレスの解消や、成長ホルモンの分泌による身体機能の調節、記憶の定着など、睡眠中のからだの中ではたくさんの仕事が行われています。

理想は、浅い眠りのレム睡眠と深い眠りのノンレム睡眠がワンセットで繰り返され、ノンレム睡眠の終了とともに目覚めることです。6時間以上ぐっすり眠ることができ、目覚めもさわやかなら、よく眠れている証拠です。

（タニタ体重科学研究所所長/池田義雄）

よい眠りを誘う習慣

- 日中はしっかりとからだを動かす
- 寝る前に温めた牛乳を噛むようにして飲む
- ゆったりと湯船に浸かって入浴する
- 音楽や香りを楽しむなど、リラックスする
- 起床後は朝日を浴び、体内時計をリセットする

眠りを妨げる習慣

- 夜更かしをする
- 夜にコーヒーや紅茶などのカフェインを摂る
- 眠る前3時間以内に食事を摂る
- 寝酒や睡眠導入剤を常用している
- 眠る直前までテレビやパソコンを見る

週替わり定食

丸の内タニタ食堂オリジナルの
週替わり定食をご用意いたしました。
社員食堂とは一味違った
こだわりのレシピを召し上がれ。

かじきとしいたけのマヨネーズ焼き定食

457 kcal
塩分 **2.3** g

高たんぱくで低脂肪のかじきがメイン。1食で野菜が200g以上摂れるのも
うれしいメニューです。副菜の新たまねぎのサラダで、血液サラサラ効果も期待できます。

かじきとしいたけのマヨネーズ焼き
● 228 kcal　塩分 0.8 g

材料（2人分）
かじき — 100g×2切れ
塩、こしょう — 少々
酒 — 小½弱（2g）
しいたけ — 1.5枚（20g）
たまねぎ — ¹⁄₂₀個（10g）
マヨネーズ（カロリー半分タイプ） — 大2・½（30g）
粒マスタード — 小⅔（4g）
にんじん — ⅓本（60g）
ラディッシュ — ½個（6g）
A｜オリーブ油 — 小½（2g）
　｜酢 — 小1弱（4g）
　｜砂糖 — 小1弱（2g）
　｜粗びきこしょう — 少々
サラダ菜 — 4枚（20g）

作り方
1　かじきは塩、こしょう、酒をふる。
2　しいたけ、たまねぎは粗みじん切りにしてマヨネーズ、粒マスタードと合わせ、かじきに塗る。かじきをオーブントースターで8分ほど焼いたら、ホイルをかぶせて、さらに7分ほど焼く。
3　にんじんは細切りに、ラディッシュは薄くスライスして**A**で和える。
4　器にサラダ菜を敷き、かじきと**3**を盛り付ける。

キャベツとツナの和え物
● 40 kcal　塩分 0.5 g

材料（2人分）
キャベツ — 1枚強（100g）
ツナ缶 — 20g
しょうゆ — 小1弱（5g）

作り方
1　キャベツは短冊に切ってさっと茹でて冷水にとり、水気を絞る。
2　キャベツとツナをしょうゆで和える。

だいこんの中華スープ
● 8 kcal　塩分 1.0 g

材料（2人分）
だいこん — 1cm強（40g）
干ししいたけ — 1枚（2g）
中華スープ — 300cc
塩、こしょう — 少々

作り方
1　だいこんは細切りにする。干ししいたけは水で戻し、細切りにする。
2　鍋に中華スープを沸かし、だいこん、しいたけを煮る。火が通ったら塩、こしょうで味をととのえる。

新たまねぎのサラダ
● 21 kcal　塩分 0.0 g

材料（2人分）
新たまねぎ — ⅕個（40g）
レタス — 2枚（60g）
にんじん — ¹⁄₁₀本（20g）
きゅうり — ½本（40g）
ミニトマト — 2個（20g）
好みのドレッシング — 適宜

作り方
1　新たまねぎは薄切りにして水にさらし、水気を切る。レタスは短冊切りにし、にんじんときゅうりは細切りにする。
2　**1**を和えて器に盛り、ミニトマトを飾る。ドレッシングをかける。

保存のコツ　ツナ缶：別容器に移して冷蔵保存。汁気も入れるとパサつきにくくなります。

> **健康偏差値アップ**
> **女性にうれしい栄養素がいっぱいのかじき**
> かじきは高たんぱく質なのに低脂肪なうえ、ビタミンB₆も多く含む食材。ビタミンB₆は口内炎や肌荒れなどに効果的な栄養素です。付け合わせのにんじんは、油と一緒に摂ることでβカロテンの吸収力がアップします。

タイ風ココナッツチキン定食

476 kcal
塩分 **2.8** g

ココナッツやナンプラーがきいた香り高いエスニック料理です。
香辛料を使い、塩分控えめでも味わい深く、また、トースターで焼くことで低カロリーに。

タイ風ココナッツチキン

● 174 kcal　塩分 1.5 g

材料（2人分）

鶏もも肉 ― 200g

A
- ココナッツミルク ― 大2・¼（40g）
- おろしにんにく ― 少々（1g）
- しょうゆ ― 小1（6g）
- オイスターソース ― 小1（6g）

水菜 ― 1株強（40g）
パプリカ赤 ― ⅐個（20g）
きゅうり ― ⅕本（20g）

B
- ナンプラー ― 4g
- レモン汁 ― 1g
- 砂糖 ― 小⅓（1g）
- サラダ油 ― 小¼（1g）

白いりごま ― 小⅓（1g）

作り方

1. 混ぜ合わせた**A**に鶏肉を1時間以上漬け込み、オーブントースターで10〜15分焼く。
2. 水菜は5cm幅に切り、パプリカ赤、きゅうりは細切りにする。野菜は混ぜ合わせておく。
3. 器にチキンを盛り付ける。野菜を添えて混ぜ合わせた**B**をかけ、ごまをふる。

千切り野菜とくるみのサラダ

● 77 kcal　塩分 0.0 g

材料（2人分）

キャベツ ― 1.5枚（120g）
きゅうり ― ⅕本（20g）
にんじん ― ⅕本（40g）
くるみ ― 16g
ポン酢 ― 小½弱（2g）
好みのドレッシング ― 適宜

作り方

1. キャベツ、きゅうりは千切りにする。にんじんは千切りにしてさっと茹でる。くるみは刻む。
2. キャベツ、きゅうり、にんじん、くるみをポン酢で和えて器に盛り付け、ドレッシングをかける。

ベーコンとブロッコリーのバター炒め

● 57 kcal　塩分 0.4 g

材料（2人分）

ベーコン ― 16g
たまねぎ ― ⅒個（20g）
ブロッコリー ― ¼株（80g）

A
- 塩 ― 少々
- 粗びきこしょう ― 少々

バター ― 小½（2g）
しょうゆ ― 小⅙（1g）

作り方

1. ベーコンは短冊切りにし、たまねぎはスライスする。ブロッコリーは小房に分ける。
2. フライパンにバターを熱し、ベーコンを入れて炒める。火が通ったらたまねぎ、ブロッコリーを炒めて**A**で調味し、最後にしょうゆを加える。

エリンギのスープ

● 8 kcal　塩分 0.9 g

材料（2人分）

エリンギ ― ½本（20g）
長ねぎ ― ⅕本（20g）
コンソメスープ ― 300cc
塩、こしょう ― 少々

作り方

1. エリンギは3cm幅に切り、長ねぎは小口切りにする。
2. 鍋にコンソメスープを沸かし、エリンギを煮る。火が通ったら長ねぎを加えて塩、こしょうで味をととのえる。

健康偏差値アップ

ビタミンたっぷりなサイドメニュー

くるみ、バターからはビタミンE、ブロッコリーからはβカロテンやビタミンCなど、ビタミンを多く含むサイドメニューを組み合わせました。なんとなくだるいなど、からだの不調を感じたときはビタミンを意識して摂りましょう。

保存のコツ　ココナッツミルク：別容器に移して冷凍保存。常温で解凍してください。

さわらのベジタルタルソース定食

560 kcal
塩分 **3.5** g

さわらは動脈硬化・高血圧の予防や、粘膜を保護する働きのある栄養素を多く含みます。
色鮮やかな野菜をたくさん入れたタルタルソースは、ヨーグルトでさっぱり風味に。

さわらのベジタルタルソース
● **267** kcal　塩分 **1.0** g

材料（2人分）

さわら ― 90g×2切れ
塩 ― 少々
スナップえんどう ― 4本(20g)
たまねぎ ― 1/8個(25g)
ピクルス ― 15g
茹で卵 ― 2/3個(40g)
にんじん ― 1/8本(25g)
パプリカ赤 ― 1/6個(25g)
パプリカ黄 ― 1/6個(25g)
A｜マヨネーズ（カロリー半分タイプ）
　｜　― 大2強(26g)
　｜からし ― 小1/2強(3g)
　｜プレーンヨーグルト ― 8g

作り方

1. さわらに塩をふり、オーブントースターで5〜10分焼く。スナップえんどうはすじを取りさっと茹でる。
2. たまねぎ、ピクルス、茹で卵は粗みじん切りに、にんじん、パプリカ赤・黄は5mm角に切り、**A**と合わせる。
3. 器にさわらを盛り、上から**2**をかけ、スナップえんどうを添える。

きゅうりとコーンのマヨネーズ和え
● **36** kcal　塩分 **0.6** g

材料（2人分）

きゅうり ― 1本強(120g)
塩 ― 少々
ホールコーン(缶) ― 20g
A｜マヨネーズ（カロリー半分タイプ）
　｜　― 大1弱(10g)
　｜酢 ― 小1弱(4g)
　｜しょうゆ ― 小2/3(4g)
　｜粗びきこしょう ― 少々

作り方

1. きゅうりは乱切りにして塩をふる。
2. きゅうり、コーンと**A**を混ぜ合わせ、器に盛り付ける。

きのこの卵とじ
● **65** kcal　塩分 **0.9**g

材料（2人分）

わかめ(乾) ― 2g
えのき茸 ― 1/2袋弱(40g)
しめじ ― 1/2パック弱(40g)
きぬさや ― 3枚(10g)
だし汁 ― 100cc
A｜しょうゆ ― 小1・1/3(8g)
　｜みりん ― 小2/3(4g)
溶き卵 ― 1個分(60g)

作り方

1. わかめは水で戻し、水気を絞る。えのき茸は半分に切り、しめじはほぐす。きぬさやは茹でて千切りにする。
2. 鍋にだし汁、**A**を煮立て、わかめ、えのき茸、しめじを入れる。卵を流し入れ、ふたをして完全に火を通す。
3. 器に盛り、きぬさやを飾る。

根菜汁
● **32** kcal　塩分 **1.0** g

材料（2人分）

だいこん ― 1cm(30g)
にんじん ― 1/10本(20g)
長ねぎ ― 1/5本(20g)
こんにゃく ― 20g
だし汁 ― 300cc
みそ ― 小2・1/3(14g)

作り方

1. だいこん、にんじんはいちょう切りに、長ねぎは小口切りにする。こんにゃくは短冊切りにし、さっと茹でる。
2. 鍋にだし汁を沸かし、沸騰したら**1**を入れる。野菜が柔らかくなるまで煮る。
3. みそを溶き入れ、器に盛り付ける。

保存のコツ　ホールコーン(缶)：別容器に移して冷凍保存。しっかり水気を切るとほぐしやすくなります。加熱して食べます。

562 kcal
塩分 4.0 g

チキンの夏野菜ラタトゥイユソース定食

1日に摂りたい野菜の約80％がこの1食で摂れる、野菜いっぱいの定食です。
繊維が多く歯応えのあるたけのこやごぼうは、噛む回数が増えるのでまんぷく感もUP。

チキンの夏野菜ラタトゥイユソース

214 kcal　塩分 1.8 g

材料（2人分）

鶏もも肉 — 100g×2枚
塩、こしょう — 少々（各0.2g）
にんにく — ⅓かけ（2g）
ズッキーニ — ⅕本（40g）
ヤングコーン — 3本（20g）
たまねぎ — ⅒個（20g）
なす — ½本弱（40g）
にんじん — ⅒本（20g）
パプリカ黄 — ⅐個（20g）
オクラ — 2本（20g）
A
ホールトマト（缶） — 3個（160g）
ツナ缶 — 20g
白ワイン — 大1・⅓（20g）
コンソメ — ½個（2g）
ケチャップ — 小2（10g）
しょうゆ — 小⅙（1g）
こしょう — 少々
粉チーズ — 小1（2g）
オリーブ油 — 小½（2g）

作り方

1 鶏肉は塩、こしょうを揉み込んでおく。
2 にんにくはみじん切り、ズッキーニは輪切り、ヤングコーンは斜め半分に切り、たまねぎはスライスする。なす、にんじん、パプリカ黄は乱切りにする。オクラはさっと茹でて、縦半分に切る。
3 鍋にオリーブ油を熱し、香りがでるまでにんにくを炒める。にんじん、ヤングコーン、なす、たまねぎの順に炒め、**A**を入れて煮る。ひと煮立ちしたらズッキーニ、パプリカを加えて軽く火を通す。
4 鶏肉をオーブントースターで10〜15分焼く。
5 器にチキンを盛り付けて**3**をかけ、粉チーズをふる。オクラを添えてできあがり。

じゃがいもとにんじんのツナマヨネーズ

116 kcal　塩分 0.5 g

材料（2人分）

じゃがいも — 1.5個（140g）
にんじん — ⅓本（60g）
たまねぎ — ⅒個（20g）
ツナ缶 — 10g
パセリ（乾） — 少々
A
マヨネーズ（カロリー半分タイプ） — 大1・⅔（20g）
塩、こしょう — 少々

作り方

1 じゃがいもは一口大に切り、にんじんは乱切りに、たまねぎはみじん切りにする。
2 たまねぎは茹でてツナ、**A**と合わせてソースにする。
3 じゃがいも、にんじんを茹でて器に盛り付ける。
4 **3**の上に**2**のソースをかけて、パセリをふる。

若竹煮

16 kcal　塩分 0.7 g

材料（2人分）

たけのこ（水煮） — ⅖個（80g）
わかめ（乾） — 2g
しめじ — ⅕パック（20g）
だし汁 — 100cc
しょうゆ — 小1（6g）

作り方

1 たけのこは厚めのいちょう切りにする。わかめは水で戻して水気を絞る。しめじはほぐす。
2 鍋にだし汁としょうゆを沸かし、**1**を入れて火が通るまで煮る。

油揚げとごぼうのみそ汁

56 kcal　塩分 1.0 g

材料（2人分）

油揚げ — ½枚（10g）
ごぼう — ¼本（40g）
長ねぎ — ⅒本（10g）
だし汁 — 300cc
みそ — 小2・⅓（14g）

作り方

1 油揚げは湯通しして短冊に切る。ごぼうは厚めのささがきに、長ねぎは小口切りにする。
2 鍋にだし汁を沸かし、ごぼうを入れる。火が通ったら油揚げと長ねぎを加えてみそを溶き入れる。

保存のコツ　たけのこ（水煮）：冷蔵保存。大きめの容器に水を張り浮かせます。すっぱい臭いがしたら傷んだ証拠です。

真鯛の野菜あん定食

525 kcal
塩分 **4.1** g

低カロリーの鯛にたくさんの野菜やきのこのあんをかけた、ボリュームあるメニューです。
副菜には昆布や大豆もやしを使い、食物繊維も豊富で噛み応えもたっぷり。

真鯛の野菜あん
● 242 kcal　塩分 1.1 g

材料（2人分）
真鯛 — 100g×2切れ
酒 — 小1強(6g)
塩 — 少々
しょうが — 1/6かけ(2g)
にんじん — 1/10本(20g)
たまねぎ — 1/3個(60g)
ほうれん草 — 1株弱(40g)
しめじ — 2/5パック(40g)
いんげん — 2本(20g)
干ししいたけ — 1枚(2g)
だし汁 — 大4(60g)
A │ しょうゆ — 大1/2強(10g)
　│ みりん — 小1(6g)
　│ 酒 — 小1弱(4g)
　│ 赤唐辛子 — 少々
水溶きかたくり粉 — 適宜

作り方
1. 真鯛は酒と塩をふる。オーブントースターで10〜15分焼く。
2. しょうが、にんじんは細切りに、たまねぎはスライス、ほうれん草は3㎝幅に切り、しめじはほぐす。いんげんは茹でて氷水につけて冷まし、斜め半分に切る。干ししいたけは水で戻して細切りにする。
3. 鍋にだし汁を沸かしてAといんげん以外の野菜を入れて煮、火が通ったら水溶きかたくり粉でとろみをつける。
4. 器に真鯛を盛り、3をかけ、いんげんを添える。

大豆もやしとほうれん草のナムル
● 38 kcal　塩分 0.3 g

材料（2人分）
大豆もやし — 1/6袋(40g)
ほうれん草 — 1.5株(80g)
中華ドレッシング — 小2(12g)

作り方
1. 大豆もやしとほうれん草は茹で、ほうれん草はざく切りにする。
2. 1をドレッシングで和える。

切り昆布の煮物
● 55 kcal　塩分 1.7 g

材料（2人分）
切り昆布(乾) — 16g
にんじん — 1/5本(40g)
さつま揚げ — 1/2枚(30g)
きぬさや — 7枚(20g)
だし汁 — 100cc
A │ 砂糖 — 小1強(4g)
　│ みりん — 小1/2強(4g)
　│ しょうゆ — 小1(6g)

作り方
1. 切り昆布は水で戻しておく。
2. にんじんは細切りに、さつま揚げは短冊切りにする。きぬさやは茹でて斜め半分に切る。
3. 鍋にだし汁、Aを沸かし、切り昆布、にんじん、さつま揚げを入れて煮る。きぬさやを加えてさっと煮る。

みょうがのみそ汁
● 30 kcal　塩分 1.0 g

材料（2人分）
みょうが — 小2個(10g)
麩 — 4個(4g)
だし汁 — 300cc
みそ — 小2・1/3(14g)

作り方
1. みょうがは輪切りにし、器に入れる。
2. 鍋にだし汁を沸かし、麩を入れてさっと煮る。みそを溶き入れ、器にそそぐ。

> **健康偏差値アップ**
> **旨味たっぷりの鯛をさらに美味しく**
> 鯛は高たんぱく質低脂肪で消化がよく、旨味成分イノシン酸を多く含みます。また、野菜あんに使っている2種類のきのこの旨味が、鯛の美味しさをさらにアップさせてくれます。

保存のコツ　きぬさや：すじを取って硬めに茹でて、ばらして冷凍保存します。

478 kcal
塩分 **2.8** g

チキンのジェノバクリーム定食

メインはしっかり濃厚な味付けですが、サイドメニューはさっぱりとした味付けで、
味のメリハリが楽しめる定食です。色とりどりの野菜をふんだんに使い、彩りも豊か。

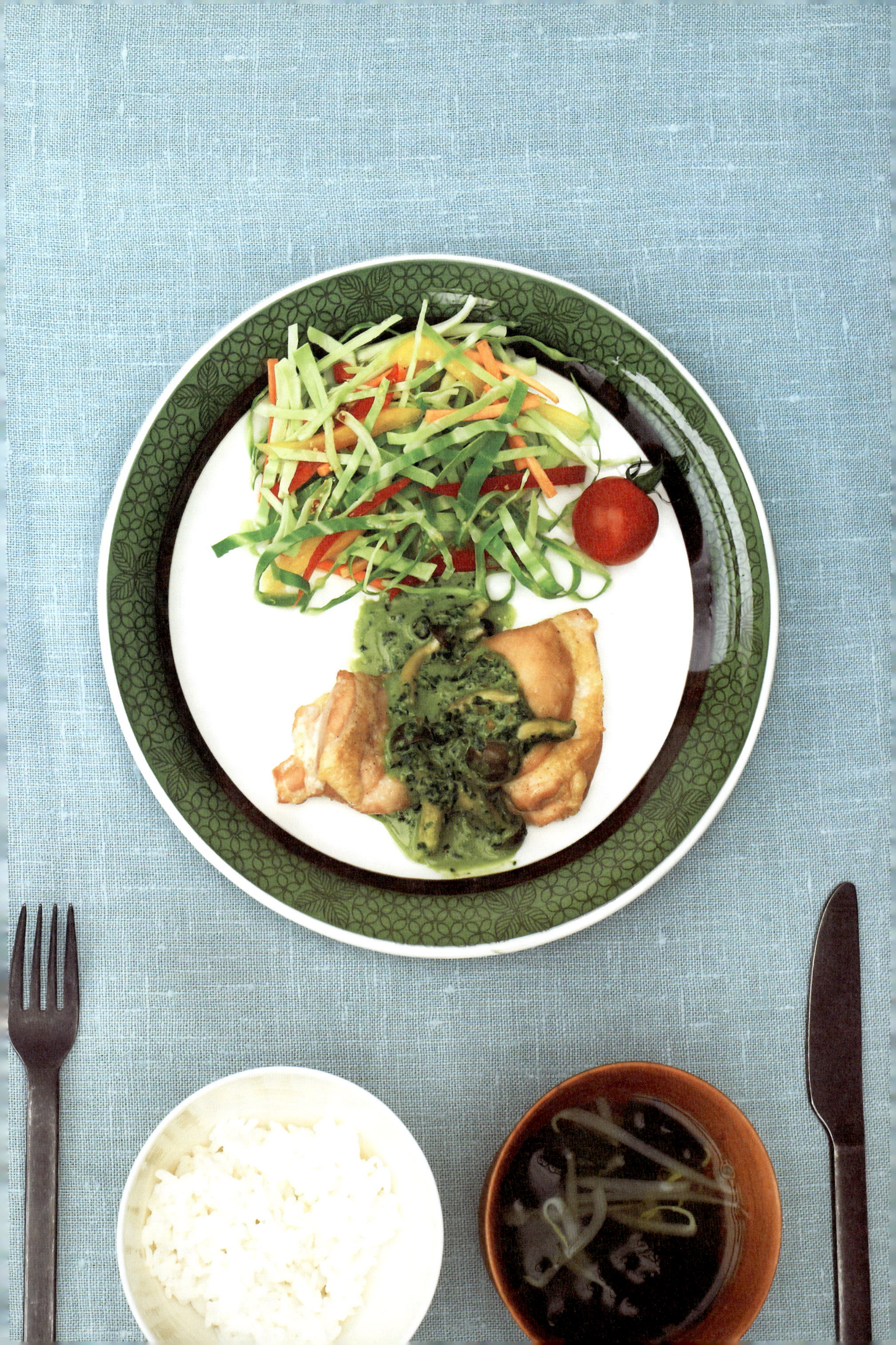

チキンのジェノバクリーム
● 198 kcal　塩分 1.3 g

材料（2人分）
鶏もも肉 — 100g×2枚
塩、こしょう — 少々
キャベツ — 1枚弱(60g)
パプリカ黄 — 1/15個(10g)
パプリカ赤 — 1/15個(10g)
にんじん — 1/20本(10g)
ミニトマト — 2個(20g)

A｜ジェノバソース — 20g
　｜※)タニタ特製ソースの作り方はP37
　｜しめじ — 1/5パック(20g)
　｜生クリーム — 小1強(6g)
　｜牛乳 — 大2・2/3(40g)
　｜塩 — 少々

B｜白ワインビネガー — 小1(5g)
　｜オリーブ油 — 小1/4(1g)
　｜粒マスタード — 少々
　｜塩、こしょう — 少々

作り方
1. 鶏肉は塩、こしょうを揉み込んでおく。
2. キャベツ、パプリカ黄、パプリカ赤、にんじんは細切りにする。しめじはほぐす。
3. 鶏肉をオーブントースターで10～15分焼く。鍋にAを入れて火にかけ、ひと煮立ちさせる。混ぜ合わせたBで野菜を和える。
4. 器にチキンを盛り付けてソースをかける。横にサラダとミニトマトを添える。

りんご
● 34 kcal　塩分 0.0 g

材料（2人分）
りんご — 1/2個(130g)

コーンサラダ
● 79 kcal　塩分 0.4 g

材料（2人分）
きゅうり — 1/2本強(60g)
にんじん — 1/7本(30g)
ホールコーン(缶) — 50g
シーザードレッシング — 大1強(20g)
レタス — 1枚弱(20g)
ミニトマト — 2個(20g)

作り方
1. きゅうりは小口切りに、にんじんは薄いいちょう切りにする。
2. にんじんをさっと茹で、きゅうり、コーンと合わせてドレッシングで和える。
3. 器にレタスを敷き、2を盛り付けてミニトマトを飾る。

もやしとわかめのスープ
● 7 kcal　塩分 1.1 g

材料（2人分）
わかめ(乾) — 2g
もやし — 1/6袋(40g)
コンソメスープ — 300cc
塩、こしょう — 少々

作り方
1. わかめは水で戻し、水気を絞って器に入れる。
2. 鍋にコンソメスープを沸かし、もやしを加えてひと煮立ちしたら、塩、こしょうで味をととのえて1にそそぐ。

健康偏差値アップ

味のバランスも栄養のバランスも good!

香り豊かなバジルを使った、濃厚なソースとチキンの組み合わせは食べ応えがあり、塩分控えめでも満足感アリ。ビタミンCたっぷりのパプリカのサラダを付け合わせ、味も栄養もバランスのとれたメニューです。

保存のコツ　キャベツ：芯に濡らしたペーパーを当て、全体を乾いたペーパーで包みます。保存袋に入れ空気を抜いて、芯を下にして冷蔵庫へ。

タニタ特製、ジェノバソースの作り方

バジルをたっぷり使ったジェノバソースは、一度にたくさん作って保存すると便利。
今回のように、肉料理や魚料理のソースにするのはもちろん、パスタソースにするのもおすすめ。
冷凍なら約1カ月は保存が可能です。

材料（20g分）
バジル ― 25枚（10g）
ピーナッツ ― 3粒（2g）
オリーブ油 ― 小1（4g）
おろしにんにく ― 1/7かけ分（1g）
粉チーズ ― 小1（2g）
白ワイン ― 少々
コンソメ ― 少々
塩 ― 少々

作り方
すべての材料をフードプロセッサーで撹拌する。

Point
保存は密閉容器で。きれいに洗って、完全に乾いたものを使います。

565 kcal
塩分 **3.8 g**

かぼちゃバーグの和風あんかけ定食

1日に食べたい緑黄色野菜の80％以上と、3種類のきのこ、こんにゃくを使った定食。βカロテン、食物繊維がたっぷりで、美肌や疲れ目にうれしいメニューです。

かぼちゃバーグの和風あんかけ

● 260 kcal　塩分 1.4 g

材料（2人分）

鶏ひき肉 — 160g
長ねぎ — 1/10本(10g)
たまねぎ — 1/10個(20g)
干ししいたけ — 2枚(4g)
木綿豆腐 — 1/5丁(60g)
かぼちゃ — 120g
ブロッコリー — 1/6株(50g)
ミニキャロット — 4個(30g)
溶き卵 — 1/6個分(10g)
A | おろししょうが — 2g
　| みそ — 小1・1/3(8g)
　| かたくり粉 — 小1弱(2g)
B | だし汁 — 80cc
　| しょうゆ — 小1/3(2g)
　| みりん — 小1/2(3g)
　| 塩 — 小1/6(1g)
水溶きかたくり粉 — 適宜

作り方

1. 長ねぎはみじん切りに、たまねぎはスライスに、干ししいたけは水で戻して細切りにする。豆腐は水気を切る。かぼちゃは蒸して80gは潰し、40gは飾り用の角切りにする。ブロッコリーは小房に分ける。ブロッコリー、ミニキャロットは茹でる。
2. 鶏ひき肉、長ねぎ、潰したかぼちゃ、豆腐、溶き卵、**A**を混ぜ合わせ、丸める。真ん中に飾り用のかぼちゃをのせ、オーブントースターで15〜20分ほど焼く。
3. 鍋に、**B**を沸かし、たまねぎ、干ししいたけを加えて煮る。火が通ったら水溶きかたくり粉でとろみをつける。
4. 器に**2**のバーグをのせ、上から**3**をかけ、ブロッコリーとミニキャロットを添える。

Point

2の工程で、かぼちゃが焦げそうならアルミホイルをかぶせましょう。

きのこの炒り豆腐

● 63 kcal　塩分 0.8 g

材料（2人分）

木綿豆腐 — 1/3丁弱(80g)
にんじん — 1/20本(10g)
万能ねぎ — 2.5本(10g)
しめじ — 1/2パック強(60g)
まいたけ — 1/2パック弱(40g)
A | しょうゆ — 小1・1/3(8g)
　| みりん — 小1(6g)
　| 酒 — 小1強(6g)
　| 塩 — 少々
炒め油 — 小1/2(2g)

作り方

1. 木綿豆腐はしっかり水気を切る。
2. にんじんは細切りに、万能ねぎは小口切りにする。しめじ、まいたけはほぐす。
3. 鍋に油を熱し、中火でにんじん、しめじ、まいたけを炒める。火が通ったらくずしながら豆腐を加え、**A**を入れて煮る。最後に万能ねぎを加えてひと混ぜする。

こんにゃくのテンメンジャン炒め

● 37 kcal　塩分 0.6 g

材料（2人分）

こんにゃく — 120g
白ごま — 小1弱(2g)
A | テンメンジャン — 小1・1/2(10g)
　| 砂糖 — 小1強(4g)
　| みりん — 小1/3(2g)
　| しょうゆ — 小2/3(4g)
ごま油 — 小1/4(1g)

作り方

1. こんにゃくは表面に格子状の切れ目を入れて一口大に切り、茹でる。
2. 鍋にごま油を熱し、強火でこんにゃくを炒める。弱火にして**A**を加えさらに炒め、器に盛ってごまをふる。

キャベツと油揚げのみそ汁

● 45 kcal　塩分 1.0 g

材料（2人分）

キャベツ — 1/2枚弱(30g)
油揚げ — 1/2枚(10g)
だし汁 — 300cc
みそ — 小2・1/3(14g)

作り方

1. キャベツは短冊切りにする。油揚げは湯通しして短冊切りにする。
2. 鍋にだし汁を沸かし、キャベツと油揚げを煮る。火が通ったらみそを溶き入れる。

保存のコツ　溶き卵：冷凍保存。小さな容器にラップを敷いて、溶き卵を流し入れ、巾着を作る要領で。

鮭と4種のきのこの豆乳クリーム定食

502 kcal
塩分 **4.3** g

豆乳を加えたヘルシーなクリームソースに、たっぷりのきのこと野菜を入れました。
たんぱく質と良質な脂肪を含む鮭とは、アンチエイジング効果の高い組み合わせ。

鮭と4種のきのこの豆乳クリーム

● 235 kcal　塩分 1.7 g

材料（2人分）

生鮭 ― 90g×2切れ	A 豆乳 ― 120cc
しょうゆ ― 大½強(10g)	みそ ― 大½(10g)
みりん ― 小1弱(5g)	酒 ― 小2(10g)
にんにく ― ⅓かけ(2g)	塩 ― 少々
たまねぎ ― ⅓個(60g)	レモン ― 輪切り2枚(20g)
しいたけ ― 1.5枚(20g)	パセリ(乾) ― 少々
エリンギ ― 1本(40g)	オリーブ油 ― 小1(4g)
えのき茸 ― ½袋弱(40g)	
しめじ ― ⅕パック(20g)	
ブロッコリー ― ¼株(80g)	

作り方

1. 鮭はしょうゆとみりんに20分以上漬け込む。
2. にんにくはみじん切りに、たまねぎ、しいたけはスライス、エリンギは細切りにし、えのき茸としめじはほぐす。ブロッコリーは小房に分け、さっと茹でる。
3. オリーブ油でにんにくを炒め、香りが出たらたまねぎ、きのこ類を加えて炒める。**A**を加え、軽く煮る。
4. 鮭をオーブントースターで10〜15分焼く。
5. **3**を器に敷き、鮭を盛る。ブロッコリーを添え、レモンの輪切りをのせてパセリを散らす。

わかめの菜種和え

● 24 kcal　塩分 0.6 g

材料（2人分）

わかめ(乾) ― 2g
ほうれん草 ― 1株強(60g)
溶き卵 ― ⅓個分(20g)
A　しょうゆ ― 小⅓(2g)
　　塩 ― 少々
酢 ― 大½強(8g)

作り方

1. わかめは水で戻して水気を絞る。ほうれん草は茹でて冷水にとり、水気を絞ってざく切りにする。
2. 小鍋に溶き卵と**A**を入れて弱火にかける。混ぜながら火を通し、細かい炒り卵にする。
3. **1**、**2**を酢で和える。

野菜の炒り煮

● 73 kcal　塩分 1.0 g

材料（2人分）

れんこん ― ½節強(100g)
にんじん ― ⅕本(40g)
しらたき ― 40g
きぬさや ― 4枚(10g)
えのき茸 ― ½袋弱(40g)
おろししょうが ― 2g
A　だし汁 ― 80cc
　　砂糖 ― 小1強(4g)
　　しょうゆ ― 小2(12g)
　　酒 ― 小1強(6g)
炒め油 ― 小½(2g)

作り方

1. れんこんは乱切りに、にんじんは短冊切りにする。しらたきはざく切りにして茹でる。きぬさやはさっと茹で、えのき茸は半分に切ってほぐす。
2. 鍋に油を熱し、しらたき、れんこんを炒める。しょうがを加え、にんじんを加えて炒める。
3. 全体に油が回ったら**A**を加えて煮る。えのき茸を入れて火が通ったら、きぬさやを入れてひと混ぜする。

白菜と桜えびのスープ

● 10 kcal　塩分 1.0 g

材料（2人分）

白菜 ― ½枚(40g)
桜えび ― 少々(1g)
コンソメスープ ― 300cc
塩、こしょう ― 少々

作り方

1. 白菜は短冊切りにする。桜えびは器に入れておく。
2. 鍋にコンソメスープを沸かし、白菜を入れる。火が通ったら塩、こしょうで味をととのえ、ひと煮立ちさせる。器にそそぐ。

保存のコツ　白菜：野菜用保存袋に入れるか、新聞紙に包んで冷暗所・冷蔵庫で保存すると日持ちがよくなります。

557 kcal
塩分 **3.9 g**

なすと豚ひき肉のはさみ焼き定食

この1食で野菜が336gも摂れる、食物繊維たっぷりの定食です。
さといものぬめり成分ムチンは、胃腸の働きを高めたり消化をよくする効果があります。

なすと豚ひき肉のはさみ焼き

● 246 kcal　塩分 **1.4** g

材料（2人分）

豚ひき肉 — 160g
なす — 2本(200g)
たまねぎ — 1/20個(10g)
かぶ — 1個弱(60g)
塩昆布 — 2g
A ┃ パン粉 — 大3弱(8g)
　　┃ 溶き卵 — 1/5個(8g)
　　┃ おろししょうが — 4g
　　┃ かたくり粉 — 小1弱(2g)
　　┃ 塩 — 少々(0.4g)
大葉 — 2枚(1g)
だいこんおろし — 60g
かぼす — 2/3個(30g)
ポン酢しょうゆ — 大1・1/3(20g)

作り方

1. なすはピーラーで皮を縦縞にむいて縦半分に切り、さらに縦半分に切り込みを入れる。たまねぎはみじん切りにする。かぶは薄いいちょう切りにし、塩昆布と和える。
2. 豚ひき肉、たまねぎ、**A**を混ぜ合わせ、なすの切り込みにはさむ。
3. なすをオーブントースターで15分ほど焼く。
4. 器に大葉を敷き、だいこんおろしとかぼすをのせる。なすを盛り付けて全体にポン酢しょうゆをかけ、かぶを添える。

たまねぎのみそ汁

● 29 kcal　塩分 **1.0** g

材料（2人分）

たまねぎ — 1/5個(30g)
干ししいたけ — 1枚(2g)
だし汁 — 300cc
みそ — 小2・1/3(14g)

作り方

1. たまねぎは薄切りにする。干ししいたけは水で戻し、細切りにする。
2. 鍋にだし汁を沸かし、**1**を入れる。火が通ったらみそを溶き入れ、器にそそぐ。

山菜サラダ

● 43 kcal　塩分 **1.0** g

材料（2人分）

ぜんまい(水煮) — 60g
にんじん — 1/10本(20g)
きゅうり — 1本弱(80g)
ツナ(缶) — 10g
だし汁 — 20cc
しょうゆ — 小2/3(4g)
A ┃ みりん — 小2/3(4g)
　　┃ しょうゆ — 大1/2弱(8g)
　　┃ 練りわさび — 2g

作り方

1. ぜんまいはざく切り、湯通しする。にんじんは短冊切りに、きゅうりは細切りにする。
2. 鍋にだし汁を入れ、ぜんまい、にんじんを煮る。しょうゆを加えてひと煮立ちさせて火を止め、冷ます。
3. **2**ときゅうりとツナを**A**で和える。

さといものごま和え

● 79 kcal　塩分 **0.5** g

材料（2人分）

さといも — 4個(120g)
A ┃ だし汁 — 160cc
　　┃ しょうゆ — 小1(6g)
　　┃ 砂糖 — 小1強(4g)
　　┃ みりん — 小2/3(4g)
白すりごま — 大1/2強(8g)
水溶きかたくり粉 — 適宜

作り方

1. さといもは一口大に切る。
2. 鍋に**A**とさといもを入れ、火が通るまで煮る。
3. 白すりごまを加え、水溶きかたくり粉でとろみをつける。

健康偏差値アップ

なすは油を使わずトースターで焼くのがコツ

なすは油と相性がいいので揚げる調理法が多いのですが、トースターで焼くことで低カロリーに抑えています。消化酵素ジアスターゼを含むだいこんおろしを添えて、消化のよいメニューとしました。

保存のコツ　ぜんまい(水煮)：冷蔵保存。大きめの容器に水を張り浸します。1日1回、水を取り替えましょう。

チキンのカルボナーラソース定食

529 kcal
塩分 **3.3 g**

濃厚な味わいのメイン料理に、さっぱりとした和え物、汁物を合わせました。
副菜の高野豆腐とひじき、小松菜はミネラルたっぷりです。

チキンのカルボナーラソース
● 244 kcal　塩分 0.9 g

材料（2人分）
鶏もも肉 — 100g×2枚
塩、こしょう — 少々
小麦粉 — 小1(3g)
ロースハム — 10g
たまねぎ — 1/10個(20g)
白ワイン — 大1強(16g)
牛乳 — 大2・2/3(40g)

A　卵黄 — 1/2個分(10g)
　　生クリーム — 大1・1/3(20g)
　　粉チーズ — 小2(4g)
　　粗びきこしょう — 少々
　　ナツメグ — 少々
　　塩 — 少々

ミニトマト — 4個(40g)
ベビーリーフ — 20g
オリーブ油 — 小1/2(2g)

作り方
1. 鶏もも肉は塩、こしょうをする。小麦粉を薄くまぶし、オーブントースターで10〜15分焼く。
2. ハムは短冊切りに、たまねぎはスライスする。
3. 鍋にオリーブ油を熱し、ハムとたまねぎを炒める。白ワインを加えてアルコールが飛ぶまで煮詰める。
4. 牛乳を3に加えてから、混ぜ合わせたAも加える。よく混ぜながら沸騰直前まで火を通す。
5. 器にチキンを盛り付け、上から4をかける。ミニトマトとベビーリーフを添える。

Point
4の工程で牛乳を先に入れて鍋の温度を下げてからAを加えると分離しにくいです。卵黄が入っているので、火を通し過ぎないようにしましょう。

麩のすまし汁
● 17 kcal　塩分 0.9 g

材料（2人分）
干ししいたけ — 1枚(2g)
麩 — 4個(4g)
だし汁 — 300cc
A　塩 — 小1/5(1.2g)
　　しょうゆ — 小1/3(2g)

作り方
1. 干ししいたけは水で戻して細切りにする。
2. 鍋にだし汁を沸かし、干ししいたけと麩をさっと煮る。Aで味をととのえる。

高野豆腐とひじきの煮物
● 79 kcal　塩分 1.1 g

材料（2人分）
高野豆腐 — 1個(16g)
にんじん — 1/5本(40g)
小松菜 — 1株弱(40g)
ひじき(乾) — 12g
だし汁 — 100cc
A　砂糖 — 小1弱(2g)
　　みりん — 小1(6g)
　　しょうゆ — 小1・2/3(10g)
　　酒 — 小1強(6g)

作り方
1. 高野豆腐は水で戻し、水気を絞って短冊切りにする。にんじんは短冊切りに、小松菜はざく切りにする。ひじきは水で戻す。
2. だし汁にひじきを入れてひと煮立ちさせ、高野豆腐、にんじんを加えて煮る。にんじんが柔らかくなったらA、小松菜を加えて煮含める。

かぶのワイン和え
● 29 kcal　塩分 0.4 g

材料（2人分）
かぶ — 1.5個(120g)
かぶの葉 — 1.5個分
塩 — 少々
みかん(缶)…40g
A　白ワイン — 小1/2弱(2g)
　　しょうゆ — 小1/3(2g)
　　みかん缶の汁 — 10g

作り方
1. かぶは薄いいちょう切りにし、塩をふって水気を絞る。かぶの葉はざく切りにして茹で、冷水にとって水気を絞る。みかんは汁と実を分ける。
2. 1をAで和える。

保存のコツ　かぶ：根はラップにくるんで冷蔵庫で1週間。葉はラップか濡らした新聞紙にくるんで冷蔵庫で2〜3日。

452 kcal
塩分 **3.6** g

鮭ときのこの包み蒸し定食

高い抗酸化作用がある鮭と7種類のきのこや野菜を組み合わせた、バランスgoodなメニュー。油を使わない蒸し料理は、低カロリーで胃腸にもやさしいです。

鮭ときのこの包み蒸し

187 kcal　塩分 1.1 g

材料（2人分）

生鮭 — 100g×2切れ
塩 — 少々
たまねぎ — ½個弱（80g）
しいたけ — 3枚（40g）
にんじん — ⅒本（20g）
えのき茸 — ½袋弱（40g）
まいたけ — ½パック弱（40g）
万能ねぎ — 2.5本（10g）
ぎんなん水煮 — 6粒（18g）
酒 — 小1強（6g）
ポン酢しょうゆ — 大1強（16g）

作り方

1 鮭は塩をふる。
2 たまねぎ、しいたけはスライス、にんじんは細切りにする。えのき茸、まいたけはほぐす。万能ねぎは小口切りにする。ぎんなんは水気を切る。
3 クッキングシートにたまねぎ、鮭を重ねて入れ、きのこ類、にんじん、ぎんなんをのせて酒をふる。クッキングシートの両端をねじりキャンディ包みにする。
4 蒸し器で10～15分蒸す。
5 包みをあけてポン酢しょうゆをかけ、万能ねぎを散らす。

わかめとねぎのコンソメスープ

6 kcal　塩分 1.1 g

材料（2人分）

わかめ（乾） — 2g
長ねぎ — ⅒本（10g）
コンソメスープ — 300cc
塩、こしょう — 少々

作り方

1 わかめは水で戻して水気を絞る。長ねぎは小口切りにする。
2 鍋にコンソメスープを沸かし、**1**を加えて煮る。火が通ったら塩、こしょうで味をととのえる。

鶏肉と根菜の治部煮（じぶに）

82 kcal　塩分 0.9 g

材料（2人分）

鶏もも肉 — 40g
A｜酒 — 小1強（6g）
　｜塩 — 少々
たけのこ（水煮） — ⅕個（40g）
れんこん — ⅓節（60g）
にんじん — ⅒本（20g）
オクラ — 4本（40g）
B｜だし汁 — 100cc
　｜みりん — 小1（6g）
　｜しょうゆ — 大½弱（8g）
　｜砂糖 — 小1強（4g）
かたくり粉 — 小½弱（1.4g）

作り方

1 鶏肉は一口大に切り、**A**で下味をつける。
2 たけのこ、れんこん、にんじんは乱切りに、オクラは茹でて斜め半分に切る。
3 鍋に**B**を沸かし、にんじん、たけのこ、れんこんの順に加えて中火で10分ほど煮る。
4 **1**の水気をふき取り、かたくり粉をまぶして**3**に加える。火が通ったらオクラを加えてざっと混ぜ合わせる。

だいこんとねぎのピリ辛和え

17 kcal　塩分 0.5 g

材料（2人分）

だいこん — 1/12本（80g）
長ねぎ — ⅒本（10g）
しらす干し — 10g
A｜酢 — 小1強（6g）
　｜しょうゆ — 小⅔（4g）
七味唐辛子 — 少々

作り方

1 だいこんは細切りにする。長ねぎはみじん切りにし、さっと茹でる。
2 **1**としらす干しを**A**で和える。
3 器に盛り、七味唐辛子をふる。

保存のコツ　万能ねぎ：冷凍保存。刻んで保存袋に入れます。ばらしやすいように平たくしておくと便利。凍ったまま使えます。

502 kcal
塩分 **3.3** g

鶏唐揚げの黒酢南蛮定食

しゃきしゃきの野菜が入った黒酢あんで、いつもの唐揚げもごちそうメニューに。
黒酢はアミノ酸やクエン酸などが多く、疲労回復・食欲アップに役立ちます。

鶏唐揚げの黒酢南蛮

● 237 kcal　塩分 **1.0** g

材料（2人分）

鶏もも肉 — 200g
塩、こしょう — 少々
にんじん — 1/5本（40g）
ごぼう — 1/7本（20g）
きゅうり — 1/2本（40g）
パプリカ赤 — 1/7個（20g）
みょうが — 1/2個（4g）
にんにく — 1/3かけ（2g）
しょうが — 1/3かけ（4g）
長ねぎ — 1/6本（16g）
A｜黒酢 — 大1・1/3（20g）
　｜砂糖 — 小2（6g）
　｜しょうゆ — 大1/2強（10g）
もやし — 1/5袋（40g）
水溶きかたくり粉 — 適宜
かたくり粉 — 大1・1/3（12g）
白ごま — 小1弱（2g）
ごま油 — 小1/2（2g）
揚げ油 — 適宜

作り方

1 鶏肉は一口大に切り、塩、こしょうを揉み込んでおく。
2 にんじん、ごぼう、きゅうり、パプリカ、みょうがは細切りに、にんにく、しょうがはすりおろす。長ねぎ3cm分は白髪ねぎにし、残りはみじん切りにする。
3 鍋にごま油を熱し、みじん切りのねぎ、にんにく、しょうがを炒める。香りが出たらAを入れ、にんじん、ごぼう、きゅうり、パプリカ、もやしをさっと炒める。水溶きかたくり粉でとろみをつける。
4 鶏肉は大さじ1・1/3のかたくり粉をまぶし、油で揚げる。
5 器に鶏肉を盛り、3をかける。白髪ねぎ、みょうが、白ごまを和えたものを上に添えてできあがり。

だいこんとオクラのなめたけ和え

● 23 kcal　塩分 **0.7** g

材料（2人分）

だいこん — 1/7本（140g）
塩 — 少々
オクラ — 4本（40g）
なめたけ — 20g
ポン酢しょうゆ — 小1（4g）

作り方

1 だいこんは細切りにし、塩をふって水気を絞る。オクラは茹でて小口切りにする。
2 1をなめたけ、ポン酢しょうゆで和える。

ぜんまいの煮物

● 49 kcal　塩分 **0.6** g

材料（2人分）

干ししいたけ — 1/2枚（1g）
油揚げ — 1/2枚（10g）
ぜんまい（水煮） — 80g
A｜だし汁 — 60cc
　｜砂糖 — 小1強（4g）
　｜しょうゆ — 大1/2弱（8g）
白ごま — 小1弱（2g）

作り方

1 干ししいたけは水で戻して細切りに、油揚げは湯通しをして短冊切りにする。ぜんまいは食べやすい長さに切って湯通しする。
2 鍋にAを沸かし、ぜんまい、しいたけ、油揚げを加えて煮る。器に盛り付け、白ごまを散らす。

だいこん葉と長ねぎのみそ汁

● 33 kcal　塩分 **1.0** g

材料（2人分）

だいこんの葉 — 10g　　だし汁 — 300cc
長ねぎの青い部分 — 40g　　みそ — 小2・1/3（14g）
にんじん — 1/10本（20g）

作り方

1 だいこんの葉、長ねぎは小口切りに、にんじんは短冊切りにする。
2 鍋にだし汁を沸かして1を入れ、ひと煮立ちしたら、みそを溶き入れる。

保存のコツ　だいこん：根はラップか濡らした新聞紙にくるんで冷蔵庫で1週間。葉もラップか新聞紙にくるんで冷蔵庫で2〜3日。

412 kcal
塩分 **3.6** g

たらと温野菜のゆず胡椒あん定食

温野菜のあんには、ゆず胡椒と三つ葉で香りと辛味をプラス。副菜には昆布をたっぷり使った炒り煮を付けるため、食物繊維たっぷりで食べ応えのある定食です。

たらと温野菜のゆず胡椒あん
● 167 kcal　塩分 **1.1** g

材料（2人分）
生たら ― 100g×2切れ
酒 ― 小1(5g)
塩 ― 少々
かたくり粉 ― 小2(6g)
にんじん ― 1/3本(60g)
長ねぎ ― 1/2本(50g)
かぶ（茎付き）― 1/2個(40g)
しめじ ― 1/2パック弱(40g)
だし汁 ― 100cc
A｜みりん ― 小1弱(5g)
　｜しょうゆ ― 小1弱(5g)
　｜塩 ― 少々
　｜ゆず胡椒 ― 少々(1g)
水溶きかたくり粉 ― 適宜
三つ葉 ― 1/3株(5g)
揚げ油 ― 適宜

作り方
1. たらに酒と塩をふる。
2. にんじんは乱切りに、かぶはくし形に、長ねぎは3cm幅に切り、しめじはほぐす。にんじん、かぶは茹で、ねぎ、しめじはオーブントースターで5分くらい焼く。
3. たらにかたくり粉をまぶし、油で揚げる。
4. 鍋にだし汁を沸かしてAを入れ、水溶きかたくり粉でとろみをつける。
5. 器にたらと温野菜を盛り付け、4をかけて三つ葉を飾る。

えのき茸のスープ
● 10 kcal　塩分 **1.0** g

材料（2人分）
えのき茸 ― 1/2袋弱(40g)
長ねぎ ― 1/5本(20g)
中華スープ ― 300cc
塩、こしょう ― 少々

作り方
1. えのき茸は長さを半分に切り、ほぐす。長ねぎは小口切りにする。
2. 鍋に中華スープを沸かし、えのき茸、長ねぎを入れる。火が通ったら塩、こしょうで味をととのえる。

切り昆布の中華炒り煮
● 62 kcal　塩分 **1.2** g

材料（2人分）
切り昆布（生細切り）― 60g
にんじん ― 1/5本(40g)
長ねぎ ― 1/3本(30g)
がんも ― 20g
A｜酒 ― 小1弱(4g)
　｜砂糖 ― 小1弱(2g)
　｜しょうゆ ― 小1/3(2g)
　｜オイスターソース ― 小2/3(4g)
　｜中華スープ ― 20cc
炒め油 ― 小1/2(2g)

作り方
1. 切り昆布はざく切りにする。にんじんは細切りに、長ねぎは縦半分にしてから斜め薄切りにする。がんもは1/4に切って茹でる。
2. 鍋に油を熱し、にんじんを炒める。切り昆布、長ねぎ、がんもを加えて全体に油がまわるまで炒め、Aを加えて煮る。

エリンギとキャベツの和え物
● 13 kcal　塩分 **0.3** g

材料（2人分）
エリンギ ― 1本(40g)
キャベツ ― 1/2枚(40g)
にんじん ― 1/20本(10g)
ポン酢しょうゆ ― 小2(10g)

作り方
1. エリンギは幅と長さを半分にして厚さ5mmに切る。キャベツは短冊切りに、にんじんは細切りにする。
2. 天板に1を並べ、オーブントースターで3分くらい焼く。
3. 2が熱いうちに、ポン酢しょうゆで和える。

保存のコツ　三つ葉：グラスに水を入れ、根ごと挿しておきます。水は毎日取り替えましょう。大葉も同様に保存できます。

546 kcal
塩分 **2.2** g

鶏肉のチーズクリームソース定食

カルシウムたっぷりのチーズクリームソースは、たんぱく質の多い鶏肉と一緒に摂ることでさらに吸収率がアップ。オクラサラダは異なる食感と歯応えも楽しんで。

鶏肉のチーズクリームソース

● 247 kcal　塩分 **1.2** g

材料（2人分）
- 鶏もも肉 — 100g×2枚
- 塩、こしょう — 少々
- 小麦粉1 — 小1強(4g)
- たまねぎ — 1/3個(60g)
- ブラウンマッシュルーム（生）— 4個(40g)
- にんじん — 1/3本(60g)
- ほうれん草 — 1株強(60g)
- 白ワイン — 小1強(6g)
- 小麦粉2 — 小1(3g)
- **A** ｜ 牛乳 — 100cc
   ｜ 生クリーム — 小1弱(4g)
   ｜ 塩 — 小1/5(1.2g)
   ｜ 粗びきこしょう — 少々
   ｜ ピザ用チーズ — 20g
- バター — 小1/2(2g)

作り方
1. 鶏肉は塩、こしょうをして小麦粉1を薄くまぶし、オーブントースターで10〜15分焼く。
2. たまねぎ、マッシュルームはスライスし、にんじんは乱切りにする。ほうれん草はざく切りにし、茹でて冷水にとり、水気を絞る。
3. 鍋にバターを熱し、にんじん、たまねぎを炒める。たまねぎが透き通ってきたらマッシュルーム、白ワインを加える。
4. 小麦粉2に**A**を混ぜ入れ、鍋に加えて少しとろみがつくまで煮る。
5. 器にほうれん草と鶏肉を盛り付け、ソースをかける。

Point
3の工程で、鍋にバターを熱する際、焦がさないように気をつけましょう。

オクラサラダ

● 58 kcal　塩分 **0.0** g

材料（2人分）
- カリフラワー — 1/6株(80g)
- オクラ — 8本(80g)
- 長いも — 10cm(50g)
- ホールコーン（缶）— 40g
- 好みのドレッシング — 適宜

作り方
1. 小房に分けたカリフラワー、半分に切ったオクラは茹でる。長いもは半月切りにする。
2. 1とコーンをドレッシングで和える。

ひすいすまし汁

● 25 kcal　塩分 **0.9** g

材料（2人分）
- ほうれん草 — 1株弱(40g)
- さつまいも — 1/15個(20g)
- だし汁 — 300cc
- **A** ｜ しょうゆ — 小1/3(2g)
   ｜ 塩 — 小1/5(1.2g)

作り方
1. ほうれん草は粗みじん切りにしてさっと茹でて冷水にとり、水気を絞って器に入れる。さつまいもは1cm角に切る。
2. 鍋にだし汁を沸かし、さつまいもを入れて火が通ったら**A**を加えて味をととのえ、器にそそぐ。

プレーンヨーグルト

● 56 kcal　塩分 **0.1** g

材料（2人分）
- 無糖ヨーグルト — 140g
- みかん（缶）— 40g

健康偏差値アップ

乳製品のソースでカルシウムを上手に吸収

チーズクリームソースは乳製品をたくさん使った濃厚な味わいのソースです。乳製品のカルシウムは他の食品と比べ、効率よく吸収されるのが特徴です。

保存のコツ　カリフラワー：ラップか濡らした新聞紙にくるんで冷蔵保存。小房に分け、硬めに下茹でしてばらして冷凍保存も。

寒ぶりとれんこんのみぞれ煮定食

627 kcal
塩分 **4.2** g

根菜やこんにゃくは便通改善効果、めかぶやなめこは悪玉コレステロールを吸収してからだの外へ出す効果があります。食物繊維がバランスよく摂れるので、女性におすすめのメニュー。

寒ぶりとれんこんのみぞれ煮

● 274 kcal　塩分 **1.4** g

材料（2人分）
寒ぶり ― 90g×2切れ
塩 ― 少々
れんこん ― 1/3節（60g）
だいこん ― 1/8本（120g）
しょうが ― 1/3かけ（4g）
ちんげん菜 ― 4枚（40g）
A｜酒 ― 小1弱（4g）
　｜しょうゆ ― 大1/2弱（8g）
　｜オイスターソース ― 大2/3（8g）
　｜水 ― 大3・1/3（50g）

作り方
1. ぶりは塩をふり、オーブントースターで10〜15分焼く。
2. れんこんは厚さ1cmのいちょう切りにし、だいこん、しょうがはおろす。ちんげん菜はさっと茹でて冷水にとり、水気を絞る。
3. 鍋にAとだいこん、しょうが、れんこんを入れ、落としぶたをして弱火〜中火で10分ほど煮る。
4. 器にぶりとちんげん菜を盛り付け、**3**を上からかける。

しらたきのたらこ煮

● 37 kcal　塩分 **1.1** g

材料（2人分）
にんじん ― 1/10本（20g）
長ねぎ ― 1/5本（20g）
しらたき ― 160g
干ししいたけ ― 1/2枚強（1.2g）
たらこ ― 32g
だし汁 ― 80cc
しょうゆ ― 小2/3（4g）

作り方
1. にんじんは細めの短冊切りに、長ねぎは縦半分に切って小口切りにする。しらたきはざく切りにして茹でる。干ししいたけは水で戻し、細切りにする。たらこはほぐす。
2. 鍋にだし汁、しょうゆを沸かし、たらこ以外の**1**を入れて火が通ったらたらこを加えてさっと煮る。

おさつサラダ

● 133 kcal　塩分 **0.7** g

材料（2人分）
さつまいも ― 1/4本（80g）
かぼちゃ ― 100g
きゅうり ― 1/2本（40g）
長ねぎ ― 1/10本（10g）
A｜おろししょうが ― 4g
　｜砂糖 ― 小1弱（2g）
　｜酢 ― 小1弱（4g）
　｜しょうゆ ― 大1/2強（10g）
　｜ごま油 ― 小1/2（2g）
　｜白ごま ― 小1強（4g）

作り方
1. さつまいもは小さめの乱切りにし、水にさらして水気を切る。かぼちゃは小さめの乱切りに、きゅうりは小口切りに、長ねぎはみじん切りにする。
2. さつまいもとかぼちゃはラップに包み、電子レンジで5分加熱する。
3. 長ねぎとAを合わせてドレッシングを作り、**2**ときゅうりを和える。

めかぶとなめこのみそ汁

● 23 kcal　塩分 **1.0** g

材料（2人分）
めかぶ ― 20g　　だし汁 ― 300cc
なめこ ― 20g　　みそ ― 小2・1/3（14g）

作り方
1. めかぶは器に入れておく。
2. 鍋にだし汁を沸かし、なめこを入れてひと煮立ちしたらみそを溶き入れる。器にそそぐ。

健康偏差値アップ

冬の旬の野菜でからだを内側から温めよう

青背の魚の代表格であるぶりは、DHA（ドコサヘキサエン酸）、EPA（エイコサペンタエン酸）を豊富に含み、動脈硬化の予防に役立ちます。れんこん、だいこん、ちんげん菜は冬に美味しくなる野菜で、しょうがとともにからだを温めてくれる食材です。

保存のコツ　かぼちゃ：種とわたをとって、ラップか濡れた新聞紙にくるんで冷蔵保存。

594 kcal
塩分 **4.0** g

にんじんミートローフの野菜ソース定食

ミートローフは、れんこんを粗みじん切りにすることで食感のアクセントに。
アボカドのビタミンE、カッテージチーズのカルシウムで栄養価の高いサラダを添えます。

にんじんミートローフの野菜ソース

● 203 kcal　塩分 1.6 g

材料（2人分）

鶏ひき肉 ― 120g
れんこん ― 1/8節(20g)
たまねぎ ― 1/2個弱(80g)
にんじん ― 1/2本弱(90g)
にんにく ― 1/5かけ(1g)
ホールトマト（缶）
　　― 1.5個(80g)
セロリ ― 1/2本弱(40g)

A | 塩 ― 少々
　| こしょう ― 少々
　| 溶き卵 ― 1/2個分(30g)
　| パン粉 ― 大2・2/3(8g)
B | しょうゆ ― 大1/3(8g)
　| バルサミコ酢 ― 小1強(6g)
　| こしょう ― 少々

乾燥バジル ― 少々
レタス ― 1枚弱(20g)
オリーブ油 ― 小1/2(2g)

作り方

1. れんこんは粗みじん切りにする。たまねぎ半分量、にんじん、にんにくはみじん切りにする。ホールトマト、セロリ、残りのたまねぎは1cm角に切る。
2. 鶏ひき肉、にんじん、みじん切りのたまねぎ、れんこん、**A**を混ぜ合わせ、4個にまとめる。オーブントースターの天板にクッキングシートを敷き、10～15分焼く。
3. フライパンにオリーブ油を熱し、にんにくを炒める。香りが出たら1cm角のたまねぎ、セロリを加えて炒め、**B**を加えてひと煮立ちさせる。トマト、バジルを加えて軽く煮込む。
4. 器にレタスを敷いてミートローフを盛り、**3**をかける。

きのこスープ

● 10 kcal　塩分 0.9 g

材料（2人分）

えのき茸 ― 1/5袋(20g)
長ねぎ ― 1/5本(20g)
しめじ ― 1/5パック(20g)
コンソメスープ ― 300cc
塩、こしょう ― 少々

作り方

1. えのき茸は半分の長さに切ってほぐし、長ねぎは小口切りにする。しめじはほぐす。
2. 鍋にコンソメスープを沸かし、**1**を入れる。火が通ったら塩、こしょうで味をととのえる。

ポテトの洋風煮込み

● 114 kcal　塩分 0.9 g

材料（2人分）

ベーコン ― 10g
じゃがいも ― 1.5個(140g)
たまねぎ ― 1/5個(40g)

A | コンソメスープ ― 120cc
　| ケチャップ ― 大1・1/3(20g)
　| 赤ワイン ― 小2(10g)

塩、こしょう ― 少々
タバスコ ― 適宜
バター ― 小1(4g)

作り方

1. ベーコンは1cm幅の短冊切りに、じゃがいもは大きめの一口大に、たまねぎはくし切りにする。
2. 鍋にバターを熱し、ベーコン、たまねぎ、じゃがいもの順番に炒める。
3. **A**を加えて煮立ったら弱火にし、15分ほど煮込む。塩、こしょうで味をととのえる。好みでタバスコをかける。

アボカドのカッテージチーズ和え

● 107 kcal　塩分 0.6 g

材料（2人分）

アボカド ― 1/5個(40g)
みかん（缶）― 40g
カッテージチーズ ― 40g
ホールコーン（缶）― 40g

A | フレンチドレッシング ― 小2弱(8g)
　| レモン汁 ― 少々
　| 粒マスタード ― 小1/3(2g)
　| 塩、こしょう ― 少々

作り方

1. アボカドは皮と種を取り除いて1cm角に切る。
2. カッテージチーズ、アボカド、みかん、コーンを**A**で和える。

保存のコツ　アボカド：種を取って切り口にレモン汁を塗り、ラップにくるんで冷蔵庫で1日。

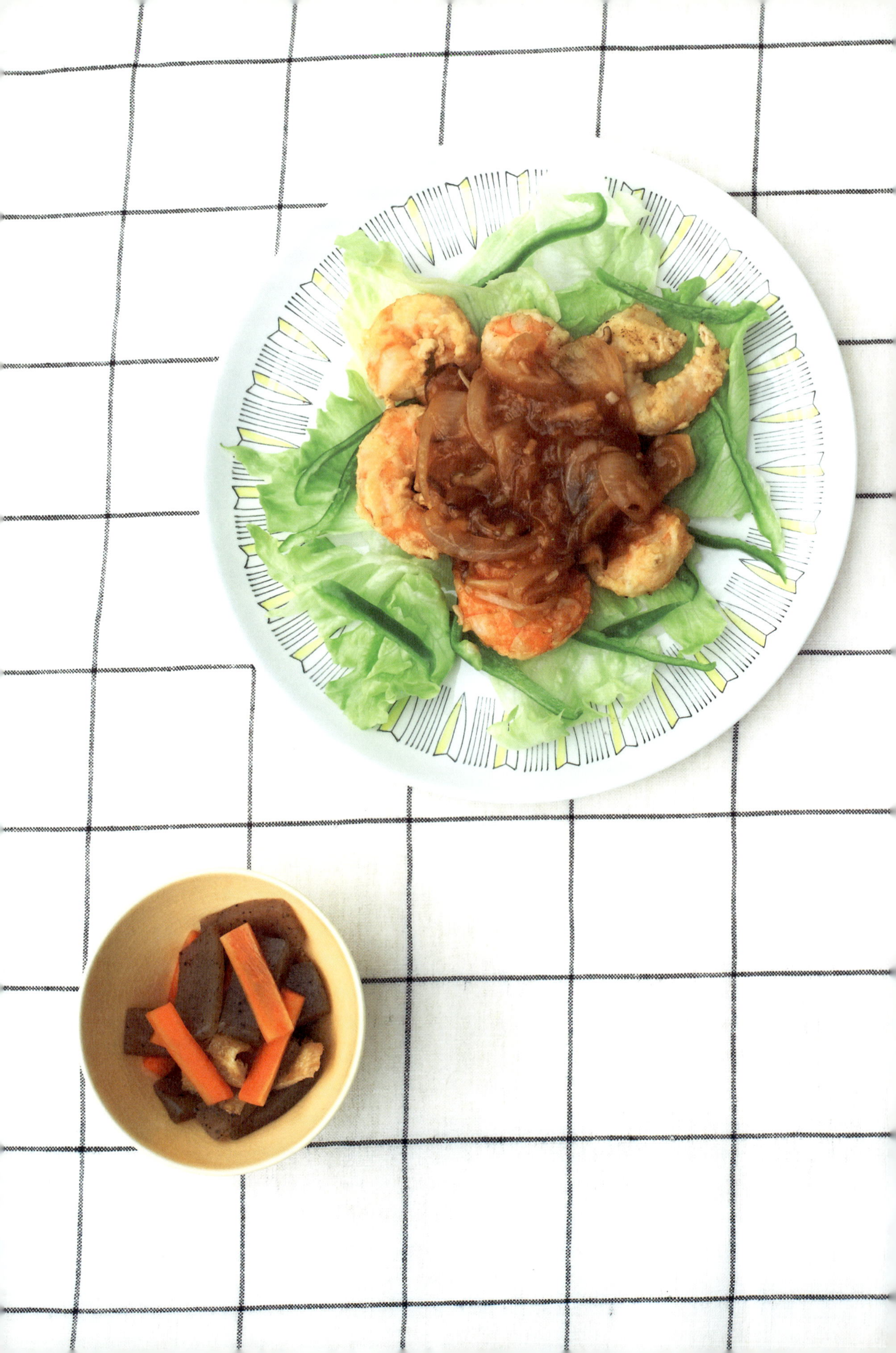

533 kcal
塩分 **3.6** g

えびのチリソース定食

ご存知、中華料理の定番メニュー。ソースは調味料の組み合わせでカロリーを抑えつつ、深い味わいが楽しめます。特別な日のごちそうメニューにもおすすめです。

えびのチリソース

● 285 kcal　塩分 1.2 g

材料（2人分）

むきえび（冷凍） — 200g
A｜小麦粉 — 20g
　｜溶き卵 — 1/3個分（20g）
　｜水 — 大さじ1・1/3（20g）
長ねぎ — 1/10本（10g）
しょうが — 1/6かけ（2g）
にんにく — 1/3かけ（2g）
たまねぎ — 1/3個（60g）
レタス — 2枚弱（50g）
ピーマン — 2/3個（20g）
干ししいたけ — 1枚（2g）
B｜ケチャップ — 大さじ1強（16g）
　｜砂糖 — 小さじ1弱（2g）
　｜酒 — 小さじ1弱（4g）
　｜しょうゆ — 小さじ2/3（4g）
　｜塩、こしょう — 少々
　｜かたくり粉 — 小1強（4g）
　｜豆板醤 — 少々
　｜水 — 100cc
炒め油 — 小さじ1/2（2g）
ごま油 — 小1/4（1g）
揚げ油 — 適宜

作り方

1. Aを混ぜ合わせてえびをくぐらせ、油で揚げる。
2. 長ねぎ、しょうが、にんにくはみじん切りに、たまねぎはスライスに、レタスは一口大にちぎり、ピーマンは細切りにする。干ししいたけは水で戻して細切りにする。
3. 中華鍋に油を熱し、長ねぎ、しょうが、にんにくを炒めて香りが出たら、干ししいたけ、たまねぎの順に炒める。Bを加えて沸騰したら、鍋肌からごま油を回し入れる。
4. 器にレタスとピーマンを敷いてえびを盛り、上から3をかける。

だいこんサラダ

● 36 kcal　塩分 0.9 g

材料（2人分）

だいこん — 1/7本（150g）
塩 — 少々
かいわれ大根 — 4g
ちりめんじゃこ — 10g
粗びきこしょう — 少々
ポン酢 — 大2/5（12g）
ごま油 — 小1/2（2g）

作り方

1. だいこんは細切りにし、塩をふり、水気を絞る。かいわれ大根は半分に切る。
2. フライパンにごま油とちりめんじゃこを入れ、弱火で炒める。きつね色になったらキッチンペーパーの上にあげ、油を切る。
3. だいこん、かいわれ大根、ちりめんじゃこを粗びきこしょうとポン酢で和える。

こんにゃくの甘煮

● 43 kcal　塩分 0.5 g

材料（2人分）

こんにゃく — 100g
油揚げ — 1/2枚（10g）
にんじん — 1/10本（20g）

A｜酒 — 小1弱（4g）
　｜みりん — 小2/3（4g）
　｜砂糖 — 小1強（4g）
　｜しょうゆ — 小1（6g）
　｜だし汁 — 100cc

作り方

1. こんにゃく、油揚げは短冊切りにして湯通しする。にんじんも短冊切りにする。
2. 鍋にAを沸かし、1を加えて火が通るまで煮る。

中華スープ

● 9 kcal　塩分 1.0 g

材料（2人分）

春雨（乾） — 2g
キャベツ — 1/4枚（20g）
中華スープ — 300cc
塩、こしょう — 少々

作り方

1. 春雨は熱湯で戻し、食べやすい長さに切る。キャベツはざく切りにする。
2. 鍋に中華スープを沸かし、春雨、キャベツをさっと煮る。ひと煮立ちしたら塩、こしょうで味をととのえる。

保存のコツ　レタス：芯を薄く切り落として小麦粉を塗り、保存袋に入れて冷蔵庫へ。

column 3

タニタレシピ「あるある」

タニタ式3カ条に加え、知って得する調味料のコツなどを紹介します。
料理の偏差値をアップすることで、さらに健康偏差値も高まります。

スパイスを活用する

こしょう、山椒、カレー粉、チリペッパー（一味唐辛子）、わさび、しょうがなど、少量でもピリッとくるスパイスを使うと、料理に辛味と香りを加えることができ、塩分カットにもつながります。マリネにカレー粉を加えたり、みそ汁に七味をふると、美味しくいただけます。

香味野菜をたっぷり使う

ゆず、しょうが、大葉、ねぎ、みょうが、かいわれ大根、香菜(シャンツァイ)、ハーブ類などの香味野菜を料理に使えば、味のアクセントになります。カロリーを左右する食材ではないので、お好みで使ってみてください。

マヨネーズをのばして使う

タニタレシピでは、マヨネーズはカロリーが半分のものを使用しています。普通のマヨネーズしかない場合は、無糖ヨーグルトや豆乳を少し加えてのばすという方法もあります。

ただし、普通のマヨネーズを豆乳やヨーグルトでのばしても、カロリー半分のマヨネーズより若干カロリーが高くなります。

漬け物は調味料代わりに

ぬか漬けやキムチなどの漬け物や、ちりめんじゃこ、佃煮、梅干しなどは、砂糖や塩分が多いものがあります。

食べたい場合には、一度にたくさんの量を摂らずに、少しの量を和え物に加えたり、ソースやたれに混ぜ込むなど、調味料の代わりとして使ってみるのはいかがでしょうか。

ナッツやごまをふりかける

アーモンドやくるみ、ピーナッツなどのナッツ類や、ごま、コーン、豆などの"つぶつぶ食材"を活用しましょう。料理にふりかけたり、ソースに混ぜ込んだりすると、咀嚼(そしゃく)する回数が増えるほか、香ばしさが加わって満足感が上がります。

砕いたアーモンドやくるみを、アルミホイルにのせてオーブントースターで1～2分ローストすると、さらに香ばしくなります。

市販のナッツ類はパッケージを確認して、無塩・油不使用のタイプを選びましょう。

これらの食材はカロリーが高いので、量は加減して使ってください。

「鮭」の選び方に注意

タニタレシピでは加工されていない「生鮭」を使います。「塩鮭」は塩分が多く含まれています。「サーモン」として売られているものは、鮭よりも脂分が多くなっています。

私たち、リピーターです！

ビジネスマンの健康管理に大助かり

山本和秀さん　29歳
外資系IT企業勤務

丸の内タニタ食堂歴
2012年1月～
成果：4kg減

太りやすい体質なので
体重管理が大変

　よく人から「痩せてますね」と言われます。今の体重は64～65kgなので、決して太っているとはいえません。でも、実はとても太りやすい体質なんです。食べたぶんすぐに体重に反映されます。そして、太りやすい上に、食べ残しをするのが嫌な性格なのです。出されたものはきれいに食べたい。

　昼も夜も外食にたよりがちな生活を送っています。ここ有楽町はサラリーマンが多いため、ランチはがっつりボリュームのメニューが充実しています。

　そして、私の「食べ残しが嫌い」という性格のため、「ああ、お腹いっぱいだなあ」とか「全部食べたら、カロリーすごいな」と思っても、残すことができないのです。

　ですから、結果的にカロリーオーバーになってしまうのが、悩みの種でした。

運動でカロリー消費する
しかなかった

　それでどうするかというと、運動でカロリーを消費するしかありませんでした。ジムにも頻繁に通いました。今までは、このように食事と運動で体重のバランスを取るしか方法がなく、仕事が忙しいときなどは、かなりの負担でした。

　最近はメタボが話題になりますが、「腹が出た中年だけには、絶対なりたくない！」と思い、体重、体調コントロールに気を遣っていました。

タニタ食堂の栄養士さんに
すべてお任せ

　1年くらい前から健康に気をつけ始めて、からだのメンテナンスをしようと考えていたところ、会社と同じ丸ノ内国際ビルヂングに「丸の内タニタ食堂」がオープンしたのです。オープンから昼食はほとんど毎日通っています。日替わり定食もありますが、週替わり定食もあり、飽きることはありません。

　メニューも豊富で、唐揚げが入った定食でも500kcalなので、ほんとうにありがたいです。外食だとどうしてもカロリーが高いものが多いので、それを気にすると、食べる量を少なくするしかありません。

　丸の内タニタ食堂ではカロリーや塩分の心配もありませんし、なんといっても、カロリーだけでなく栄養面でも栄養士さんが考えたものを出してくれるので、安心して全部食べることができ、ほんとうに満足しています。食の健康については、「お任せできる」というのが一番気に入っています。

　最近はマラソンを始め、ジョギングも楽しみながら美味しく食べて、体重は68kgから64kgへ。これからもからだのメンテナンスに気をつけようと思います。

タニタ弁当

お客様のご要望にお応えして
お弁当も始めました。
忙しい朝でもささっと作れる簡単レシピ。
もちろんボリュームもたっぷりです。

タニタ式弁当のコツ

タニタ食堂のメニューをもっと楽しみたいというご要望に応えて、忙しい朝でも手早く作ることができるお弁当メニューをご紹介。タニタ式弁当で、低カロリーの満足ランチをどうぞ。

メイン料理＋副菜2品＋低カロリーな彩り野菜 が基本のセット。
自由に組み合わせて、自分好みの弁当を作って。

美味しい弁当のコツは、全体的な味のバランスを考えること。メインがあっさりした料理なら副菜はしっかりした味付けのものを選ぶなど、メリハリをつけましょう。組み合わせや弁当箱の大きさなどで合計のカロリーは多少変わりますが、自分なりの組み合わせアレンジを楽しんでください。

「タニタ式弁当」とは？

タニタ食堂のメニューは、1定食当たりのカロリー数が500kcal前後、野菜たっぷりで塩分を抑えたヘルシーメニューです。家での夕食はこのタニタ食堂レシピで健康的な食生活をしているのに、ランチはファストフードやコンビニ弁当……では、もったいないですよね。

そこで、「タニタ食堂のメニューをお弁当で持って行きたい！」というリクエストに応えて、低カロリーだけど食べ応えがあり、さらに手軽に作れるメインメニュー14種類と、野菜をたくさん使った副菜メニューをご紹介。メイン料理と副菜を組み合わせて、オリジナルの定食を作っていただけるように考えました。

お弁当を手早く作るには

どんなにヘルシーで美味しい料理でも、作るのに時間と手間がかかるようならお弁当向きではありません。そこで、忙しい朝でもささっと作れる、「焼くだけ」「炒めるだけ」「（たれやソースを）かけるだけ」「揚げるだけ」の簡単なメインメニューを揃えました。時間がない日には、副菜も和え物やサラダなどすぐに作れるものにし、ゆとりのある日は煮物など少し凝った副菜を選ぶと、より時間を効率的に使えます。

お弁当作りで気をつけること

手作りのお弁当で一番気になるのは、やはり「傷み」ではないでしょうか。特に梅雨時期～夏場は要注意です。

おかずは当日の朝に作る、ごはんやおかずは冷ましてからお弁当箱に詰める、できるだけおかず同士が重ならないようにバランなどを挟んで詰める、保冷剤や市販の傷み防止シートなどを上手に活用するなど、通常のお弁当作りの注意点をよく踏まえて調理しましょう。

ここで注意したいのは、タニタ式弁当は通常のお弁当よりもふんだんに野菜を使っているということです。副菜は野菜たっぷりメニューが特徴の一つですが、野菜の汁気が出やすくなります。傷み防止のためにも、しっかり汁気を切ってから弁当箱に詰めるようにしてください。

また塩分も抑えているため、冷蔵庫で保管するなど保存に気をつけてください。

丸の内タニタ食堂 特製弁当を販売中

丸の内タニタ食堂では、店頭で日替わりの弁当を販売しています。メニューごとに別々の容器に詰めてお届けしています。温かいものは温かく、冷たいものは冷たいままで食べられるよう、容器ごとに取り外してレンジで加熱できます。中央には保冷剤がセットできる工夫がされています。

てりやきチキン

ひじき豆腐（p87）

野菜の甘酢和え（p81）

てりやきチキン弁当

466 kcal　塩分 3.0 g

大人も子供も、みんなが大好きな定番の甘辛メニューです。
鶏肉はオーブントースターで焼いて、ヘルシー＆時短にも。

焼くだけ　てりやきチキン
● 211 kcal　塩分 1.4 g

材料（2人分）
鶏もも肉（皮なし） — 100g×2枚
キャベツ — ½枚（40g）
かぼちゃ — 120g
A｜めんつゆ（3倍濃縮） — 小1（6g）
　｜水 — 50cc
B｜酒 — 大½強（8g）
　｜みりん — 大½弱（8g）
　｜砂糖 — 大1弱（8g）
　｜しょうゆ — 小2（12g）

作り方
1　鶏肉はオーブントースターで10分焼く。
2　キャベツはざく切りにし、さっと茹でる。
　　かぼちゃは一口大に切り、Aで煮る。
3　鍋にBを入れて煮詰め、鶏肉にからめる。
4　キャベツを敷き、かぼちゃと鶏肉を盛り付ける。

鮭のカレー焼き

豚肉とごぼうの甘辛煮 (p91)

だいこんなます (p81)

鮭のカレー焼き弁当

451 kcal　塩分 2.4 g

いつもの鮭もカレー味で変化をつけて。
調味料をすり込んで焼くだけの、手軽さがお弁当にぴったり。

焼くだけ　鮭のカレー焼き
● 160 kcal　塩分 1.3 g

材料（2人分）

- 生鮭 — 50g×4切れ
- A
  - 塩 — 小1/6（1g）
  - こしょう — 少々
  - カレー粉 — 大1/2（3g）
- ブロッコリー — 1/4株（80g）
- しょうゆ — 大1/2弱（8g）
- 小麦粉 — 小1弱（2g）

作り方

1. 鮭にAをすり込む。
2. ブロッコリーは小房に分けて茹でる。
3. 1にしょうゆを塗り、小麦粉を薄くまぶす。オーブントースターで5〜10分焼く。

キャベツとわかめの
ごま酢和え (p81)

さばのねぎ味噌焼き

こんにゃくのトマト炒め (p87)

さばのねぎ味噌焼き弁当

503 kcal　塩分 3.8 g

「青魚の王様」と呼ばれるほど栄養価の高いさばを、お弁当にも。
焼いたみその香ばしい風味が食欲をそそります。

焼くだけ　さばのねぎ味噌焼き
● 229 kcal　塩分 1.6 g

材料（2人分）
さば ― 50g×4枚
塩 ― 少々
長ねぎ ― 1/10本（10g）
大葉 ― 2枚（2g）
だいこん ― 2cm（60g）
だいこんの葉 ― 10g
A｜みそ ― 小2（12g）
　｜砂糖 ― 小1弱（2g）
　｜酒 ― 小1強（6g）
塩 ― 少々

作り方
1　さばに塩をふり、しばらくおく。
2　長ねぎは粗みじん切りに、大葉は千切りにする。
　　だいこんは薄いいちょう切りにし、塩をふって水気を絞る。
　　葉は細かく刻んでさっと茹で、だいこんと合わせる。
3　長ねぎ、大葉、Aを混ぜ合わせてさばに塗り、
　　オーブントースターで8分ほど焼き、ホイルをかぶせて7分ほど焼く。

れんこんの煮物（p91）

豚肉のごまごま焼き

中華サラダ（p84）

豚肉のごまごま焼き弁当

548 kcal　塩分 3.3 g

動脈硬化・高血圧の予防、老化抑制などにも効果が期待できるごまをふんだんに使いました。ぷちぷちとした食感も楽しんで。

焼くだけ　豚肉のごまごま焼き
● 257 kcal　塩分 0.8 g

材料（2人分）

豚ロース肉 — 30g×6枚
A｜溶き卵 — ⅙個分（10g）
　｜おろししょうが — 4g
　｜しょうゆ — 大½強（10g）
　｜みりん — 大½強（10g）
白ごま — 大1・⅓（12g）
いんげん — 3本（30g）

作り方

1　豚肉はAを揉み込む。表面にごまをまぶしつける。
2　1をオーブントースターで10〜15分焼く。いんげんは3等分に切り、さっと茹でる。

カリフラワーの炒め物 (p89)

鶏肉のごま味噌焼き

高野豆腐と
ほうれん草のおひたし (p83)

鶏肉のごま味噌焼き弁当

445 kcal
塩分 **3.1** g

前夜に鶏もも肉を漬けておけば、朝は焼くだけ。
忙しいときに助かる、簡単メニューです。

焼くだけ 鶏肉のごま味噌焼き
● 197 kcal　塩分 1.6 g

材料（2人分）
鶏もも肉（皮なし） — 100g×2枚
A　みそ — 大1(18g)
　　白すりごま — 小1強(6g)
　　砂糖 — 小1強(4g)
　　酒 — 小1強(6g)
キャベツ — 1枚(80g)
えのき茸 — 1/3袋(30g)
中華ドレッシング — 小2(12g)

作り方
1　鶏肉はAに1時間以上漬ける。
2　鶏肉をオーブントースターで10〜15分焼く。
3　キャベツは短冊切りに、えのき茸は半分に切る。
　　キャベツとえのき茸をさっと茹で、ドレッシングで和える。

70

大豆もやしのピリ辛サラダ（p83）

鮭の焼き浸し

豚肉とごぼうの甘辛煮（p91）

鮭の焼き浸し弁当

482 kcal　塩分 2.4 g

お弁当の定番素材の鮭は、いろいろな調理法で変化をつけて。
ブロッコリーの緑、だいこんの白、ゆずの黄…と、付け合わせで彩りをプラス。

焼くだけ　鮭の焼き浸し
● 162 kcal　塩分 1.2 g

材料（2人分）
生鮭 — 50g×4切れ
だいこん — 1/2本（80g）
ゆず（皮）— 2g
塩 — 少々
ブロッコリー — 1/4株（80g）
A｜ しょうゆ — 小2（12g）
　｜ 酒 — 小1強（6g）
　｜ 水 — 大2（30g）

作り方
1　鮭はオーブントースターで5〜10分焼く。
2　だいこんは薄いいちょう切りにして塩をふり、刻んだゆずの皮と和える。ブロッコリーは小房に分け、さっと茹でる。
3　Aを合わせて軽く煮立てたら、温かいうちに鮭にかけて冷ます。

小松菜とさつま揚げの
コチュジャン炒め (p88)

豚肉の黒こしょう炒め

マカロニサラダ (p84)

豚肉の黒こしょう炒め弁当

563 kcal　塩分 2.8 g

オイスターソースと黒こしょうがきいて、ごはんとの相性もバッチリ。
お肉も野菜もしっかり摂れる、ボリュームたっぷりのメニューです。

炒めるだけ　豚肉の黒こしょう炒め
● 222 kcal　塩分 1.3 g

材料（2人分）

- 豚もも肉 — 200g
- 塩 — 少々
- たまねぎ — 1/2個(100g)
- にんじん — 1/5本(40g)
- エリンギ — 1本(40g)
- キャベツ — 1/2枚強(50g)
- A
  - 粗びき黒こしょう — 少々
  - しょうゆ — 大1/2強(10g)
  - オイスターソース — 大1/5(4g)
  - 酒 — 小2(10g)
- 炒め油 — 小1/2(2g)

作り方

1. 豚肉は1cm幅に切り、塩をふる。
2. たまねぎは繊維と直角に1cm幅に切り、にんじんは短冊切りにする。エリンギは4つ割りにし、長さを半分に切る。キャベツは短冊に切り、さっと茹でて冷水にとり、水気を絞る。
3. 鍋に油を熱して豚肉を炒める。たまねぎ、にんじん、エリンギの順に加えて炒め、Aを加える。
4. キャベツを敷き、3を盛り付ける。

豚肉のしょうが焼き

だいこんのなめたけマヨ和え (p83)

小松菜と厚揚げの煮物 (p91)

豚肉のしょうが焼き弁当

552 kcal　塩分 2.8 g

カロリー・塩分を抑えても、しっかり美味しい「しょうが焼き」。
付け合わせは彩り野菜でカラフルさをプラスして。

炒めるだけ　豚肉のしょうが焼き

● 254 kcal　塩分 1.3 g

材料（2人分）
豚ロース肉（薄切り）— 200g
A｜みりん — 小1(6g)
　｜酒 — 大⅘(12g)
　｜砂糖 — 小1弱(2g)
　｜しょうゆ — 大1弱(16g)
　｜おろししょうが — 6g
いんげん — 4本(40g)
炒め油 — 小½(2g)

作り方
1　豚肉は一口大に切り、Aに30分ほど漬ける。
2　フライパンに油を熱し、豚肉を両面焼く。
　　いんげんは3等分に切り、さっと茹でる。

こんにゃくのトマト炒め（p87）

豚肉と玉ねぎの甘辛炒め

カリフラワーの炒め物（p89）

493 kcal
塩分 **3.3** g

豚肉と玉ねぎの甘辛炒め弁当

たまねぎに含まれるアリシンは豚肉のビタミンB₁の吸収を助け、疲労回復に効果的。
味わいでも栄養素でも、豚肉とたまねぎは相性のよい食材です。

炒めるだけ 豚肉と玉ねぎの甘辛炒め
● 228 kcal 　塩分 1.3 g

材料（2人分）
豚もも肉 — 200g
たまねぎ — ⅓個（60g）
にんじん — ⅒本（20g）
A ｜ しょうゆ — 小1（6g）
　 ｜ 酒 — 大½強（8g）
ブロッコリー — ¼株（80g）
B ｜ 砂糖 — 小2（6g）
　 ｜ しょうゆ — 大½強（10g）
炒め油 — 小1弱（3g）

作り方
1　豚肉は一口大に切る。
2　たまねぎはスライスし、にんじんは短冊に切る。
　　ブロッコリーは小房に分け、茹でる。
3　豚肉、たまねぎ、にんじんにAを揉み込む。
4　フライパンに油を熱して3を炒め、
　　火が通ったらBを加えて炒める。

きのことれんこんの炒り煮（p89）

キャベツとわかめのごま酢和え（p81）

さわらのねぎソース

さわらのねぎソース弁当

500 kcal　塩分 3.4 g

さわらの上品な味わいに、ねぎの風味がよく合う1品です。さわらは動脈硬化や高血圧の予防に効果があるだけでなく、美肌効果も期待できる食材。

かけるだけ　さわらのねぎソース
● 216 kcal　塩分 1.4 g

材料（2人分）
- さわら ― 50g×4切れ
- 塩 ― 少々
- 長ねぎ ― ½本強（60g）
- いんげん ― 6本（60g）
- 干ししいたけ ― 1枚（2g）
- A　だし汁 ― 140cc
　　塩 ― 少々
　　しょうゆ ― 大½強（10g）
- 水溶きかたくり粉 ― 適宜
- ごま油 ― 小½（2g）

作り方
1. さわらは塩をふり、オーブントースターで5〜10分焼く。
2. 長ねぎは小口切りにし、いんげんは3等分に切って茹でる。干ししいたけは水で戻して細切りにする。
3. 鍋にごま油を熱し、長ねぎをしんなりするまで炒める。干ししいたけとAを加えて煮る。煮立ったら、水溶きかたくり粉でとろみをつけ、ねぎソースを作る。
4. さわらといんげんの上に3をかける。

きのことれんこんの炒り煮（p89）

ふわふわつくね

中華サラダ（p84）

ふわふわつくね弁当

549 kcal　塩分 2.9 g

豆腐入りのつくねは、低カロリーな上にふわふわな食感も楽しめるメニューです。少し小さめに成形すると、お弁当にも入れやすく見た目も可愛らしくなります。

かけるだけ　ふわふわつくね

● 234 kcal　塩分 1.3 g

材料（2人分）

- 鶏ひき肉 — 160g
- 木綿豆腐 — 1/3丁(80g)
- たまねぎ — 1/3個(60g)
- いんげん — 4本(40g)
- 溶き卵 — 1/3個分(20g)
- しょうゆ — 小2/3(4g)
- かたくり粉 — 小1強(4g)

A
- 酒 — 小1弱(4g)
- 塩 — 少々
- 砂糖 — 小1弱(2g)
- みりん — 小1/3(2g)
- しょうゆ — 大1/2弱(8g)
- かたくり粉 — 小1弱(2g)
- だし汁 — 大1・1/3(20g)

油 — 小1(4g)

作り方

1. 豆腐はしっかり水切りをする。
2. たまねぎはみじん切りにする。いんげんは3等分に切り、茹でて冷ます。
3. 鶏ひき肉、豆腐、たまねぎ、溶き卵、しょうゆ、かたくり粉を混ぜる。丸形に成形し、油を塗ってオーブントースターで10〜15分焼く。
4. Aを煮立てて、たれを作る。

だいこんのなめたけマヨ和え (p83)

れんこんの煮物 (p91)

さわらの野菜あんかけ

さわらの野菜あんかけ弁当

460 kcal　塩分 3.8 g

さわらと一緒にたくさんの野菜が摂れるメニューです。
野菜の旨味としょうがの香りで、調味料を抑えつつも深みのある味わいに。

かけるだけ　さわらの野菜あんかけ

● 217 kcal　塩分 1.2 g

材料（2人分）

さわら — 50g×4切れ
酒 — 小1弱(4g)
塩 — 少々
しょうが — 1/6かけ(2g)
にんじん — 1/5本(40g)
たまねぎ — 1/3個(60g)
干ししいたけ — 1枚(2g)
小松菜 — 1/2株(20g)
赤唐辛子 — 少々

A｜だし汁 — 大2・2/3(40g)
　｜しょうゆ — 大1/2強(10g)
　｜みりん — 小1(6g)
　｜酒 — 小1弱(4g)

水溶きかたくり粉 — 適宜

作り方

1　さわらは酒と塩をふり、
　　オーブントースターで5〜10分焼く。
2　しょうが、にんじんは細切りにする。たまねぎ、
　　水で戻した干ししいたけは細切りにする。
　　小松菜はざく切りにし、
　　茹でて冷水にとって水気を絞る。
　　赤唐辛子は小口切りにする。
3　鍋にAを入れて沸騰したら、2を加えて煮る。
　　火が通ったら水溶きかたくり粉でとろみをつける。
4　さわらに3をかける。

だいこんなます（p81）

小松菜とさつま揚げの
コチュジャン炒め（p88）

ささみの唐揚げ

ささみの唐揚げ弁当

464 kcal
塩分 2.9 g

定番メニューの唐揚げも、ささみを使って低カロリーに。
1本をまるまる揚げるので、見た目のボリュームも噛み応えも満足感たっぷり。

揚げるだけ　ささみの唐揚げ
● 200 kcal　塩分 1.5 g

材料（2人分）

ささみ ― 50g×4本
A│ おろししょうが ― 4g
　│ しょうゆ ― 大½強（10g）
　│ 塩 ― 小⅙（1g）
長ねぎ ― ⅙本（6g）
かたくり粉 ― 大1強（10g）
揚げ油 ― 適宜

ピーマン ― 2個（70g）
もやし ― ½袋（20g）
塩 ― 少々
炒め油 ― 小1（4g）

作り方

1　ささみはAに30分ほど漬ける。
2　ピーマンは細切りにし、
　　長ねぎは白髪ねぎにする。
3　フライパンに油を熱し、
　　ピーマンともやしを軽く炒め、塩で調味する。
4　ささみの水気をふき、かたくり粉を付けて
　　油で揚げる。白髪ねぎを上に飾る。

春雨とちんげん菜の炒め物 (p87)

キャベツとちくわのサラダ (p85)

鮭のこしょう揚げ

鮭のこしょう揚げ弁当

487 kcal　塩分 **2.6** g

こしょうのきいた鮭を、こんがり揚げたメニュー。
焼いた鮭とはまた違う味わいが楽しめます。ごはんと一緒に、豪快に頬張って。

揚げるだけ　鮭のこしょう揚げ
● 201 kcal　塩分 0.9 g

材料（2人分）
生鮭 ― 50g×4切
しょうゆ ― 小1(6g)
塩 ― 少々
粗びきこしょう ― 少々
カリフラワー ― 1/6株(80g)
かたくり粉 ― 大1強(10g)
揚げ油 ― 適宜

作り方
1 鮭はしょうゆ、塩、粗びきこしょうをふり、30分ほどおく。
2 カリフラワーは小房に分けて茹でる。
3 鮭にかたくり粉を薄くまぶし、こんがりと揚げる。

弁当お助け副菜

お弁当に合う副菜を一挙に紹介します。
手間がかからず、お弁当でも野菜がいっぱい食べられるメニューです。

キャベツとわかめのごま酢和え

だいこんなます

野菜の甘酢和え

キャベツとわかめのごま酢和え

● 51 kcal　塩分 **1.1** g

材料（2人分）

キャベツ — 2枚弱（140g）
わかめ（乾） — 2g
ちくわ — 20g
きゅうり — ½本（40g）
塩 — 少々
A｜酢 — 小1弱（4g）
　｜砂糖 — 小1弱（2g）
　｜しょうゆ — 小1・⅓（8g）
　｜白すりごま — 小1弱（4g）

作り方

1　キャベツは短冊切りにして茹で、冷水にとり水気を絞る。わかめは水で戻し、水気を絞る。ちくわ、きゅうりは縦半分に切って斜め薄切りにする。きゅうりに塩をふり、水気を絞る。
2　1を**A**で和える。

だいこんなます

● 41 kcal　塩分 **0.5** g

材料（2人分）

だいこん — ⅕本（200g）
塩 — 少々
みかん（缶） — 40g
A｜酢 — 大1・⅔（24g）
　｜砂糖 — 小1強（4g）
　｜塩 — 少々

作り方

1　だいこんは細切りにし、塩をふり水気を絞る。
2　1、**A**、みかんを混ぜてなじませる。

野菜の甘酢和え

● 39 kcal　塩分 **0.6** g

材料（2人分）

きゅうり — ½本（40g）
塩 — 少々
えのき茸 — ½袋弱（40g）
もやし — ½袋（120g）
A｜砂糖 — 小1強（4g）
　｜酢 — 小2（10g）
　｜しょうゆ — 小1（6g）
　｜白ごま — 小1強（4g）

作り方

1　きゅうりは縦半分に切って斜め薄切りにし、塩をふり水気を絞る。えのき茸は半分に切ってほぐす。
2　もやしとえのき茸をさっと茹で、水気を絞る。
3　1、2を**A**で和える。

高野豆腐とほうれん草のおひたし

だいこんのなめたけマヨ和え

大豆もやしのピリ辛サラダ

だいこんのなめたけマヨ和え

34 kcal　塩分 0.8 g

材料（2人分）

だいこん — 1/7本（140g）
にんじん — 1/5本（40g）
A しょうゆ — 小1/3（2g）
　マヨネーズ（カロリー半分タイプ）— 大1/2（6g）
　塩 — 少々
なめたけ — 15g

作り方

1 だいこん、にんじんは細い短冊切りにする。
2 1をAとなめたけで和える。

高野豆腐とほうれん草のおひたし

46 kcal　塩分 0.6 g

材料（2人分）

高野豆腐 — 2/3個（12g）
ほうれん草 — 1株強（60g）
にんじん — 1/10本（20g）
だし汁 — 100cc
しょうゆ — 小1（6g）
かつお節 — 少々（1g）

作り方

1 高野豆腐は水で戻して絞り、短冊切りにする。ほうれん草はざく切りにする。にんじんは細めの短冊切りにする。
2 ほうれん草をさっと茹で、冷水にとって水気を絞る。
3 鍋にだし汁、しょうゆを沸かし、高野豆腐とにんじんを煮る。火が通ったらほうれん草を加える。
4 器に盛り付け、かつお節をかける。

大豆もやしのピリ辛サラダ

70 kcal　塩分 0.6 g

材料（2人分）

にんじん — 1/10本（20g）
大豆もやし — 1/2袋強（140g）
A オリーブ油 — 小2（8g）
　おろしにんにく — 少々
　タバスコ — 少々
　白ワインビネガー — 小1弱（4g）
　砂糖 — 小1/3（1g）
　粗びきこしょう — 少々
　塩 — 小1/5（1.2g）

作り方

1 にんじんは細い短冊切りにする。
2 大豆もやしは茹でる。
3 大豆もやし、にんじんをAで和える。

マカロニサラダ

● **118** kcal　塩分 **0.6** g

材料（2人分）
マカロニ（乾） — 30g
きゅうり — ½本（40g）
トマト — ½個（80g）
ホールコーン（缶） — 20g
カッテージチーズ — 40g
A マヨネーズ（カロリー半分タイプ） — 大1（12g）
　　塩、こしょう — 少々

作り方
1. マカロニは茹でる。
2. きゅうりは小口切りに、トマトは種を除きサイコロに切る。
3. すべての材料と**A**を混ぜ合わせる。

中華サラダ

● **82** kcal　塩分 **0.7** g

材料（2人分）
きゅうり — ½本（40g）
塩 — 少々
長ねぎ — ⅒本（10g）
レタス — 2枚弱（50g）
かにかま — 15g
春雨（乾） — 20g
中華ドレッシング — 大1強（18g）

作り方
1. きゅうりは縦半分に切って斜め薄切りにし、塩をふり水気を絞る。長ねぎは縦半分に切ってから細切りにし、水にさらす。レタスは短冊に切る。かにかまはほぐす。
2. 春雨は熱湯で茹でて冷水にとり、ざく切りにする。
3. 1、2をドレッシングで和える。

キャベツとちくわのサラダ

● **59** kcal　塩分 **1.0** g

材料（2人分）

キャベツ — 1.5枚（120g）
塩 — 少々
ちくわ — 20g
紫たまねぎ — 1/20個（10g）
わかめ（乾）— 3g

A マヨネーズ（カロリー半分タイプ）— 大1・1/3（16g）
　　粒マスタード — 小1/3（2g）
　　レモン汁 — 2g

作り方

1. キャベツは細めの短冊切りにして塩をふり、水気を絞る。ちくわは縦半分に切り、斜め切りにする。紫たまねぎは薄くスライスし、水にさらす。わかめは水で戻して水気を絞る。
2. 1をAで和える。

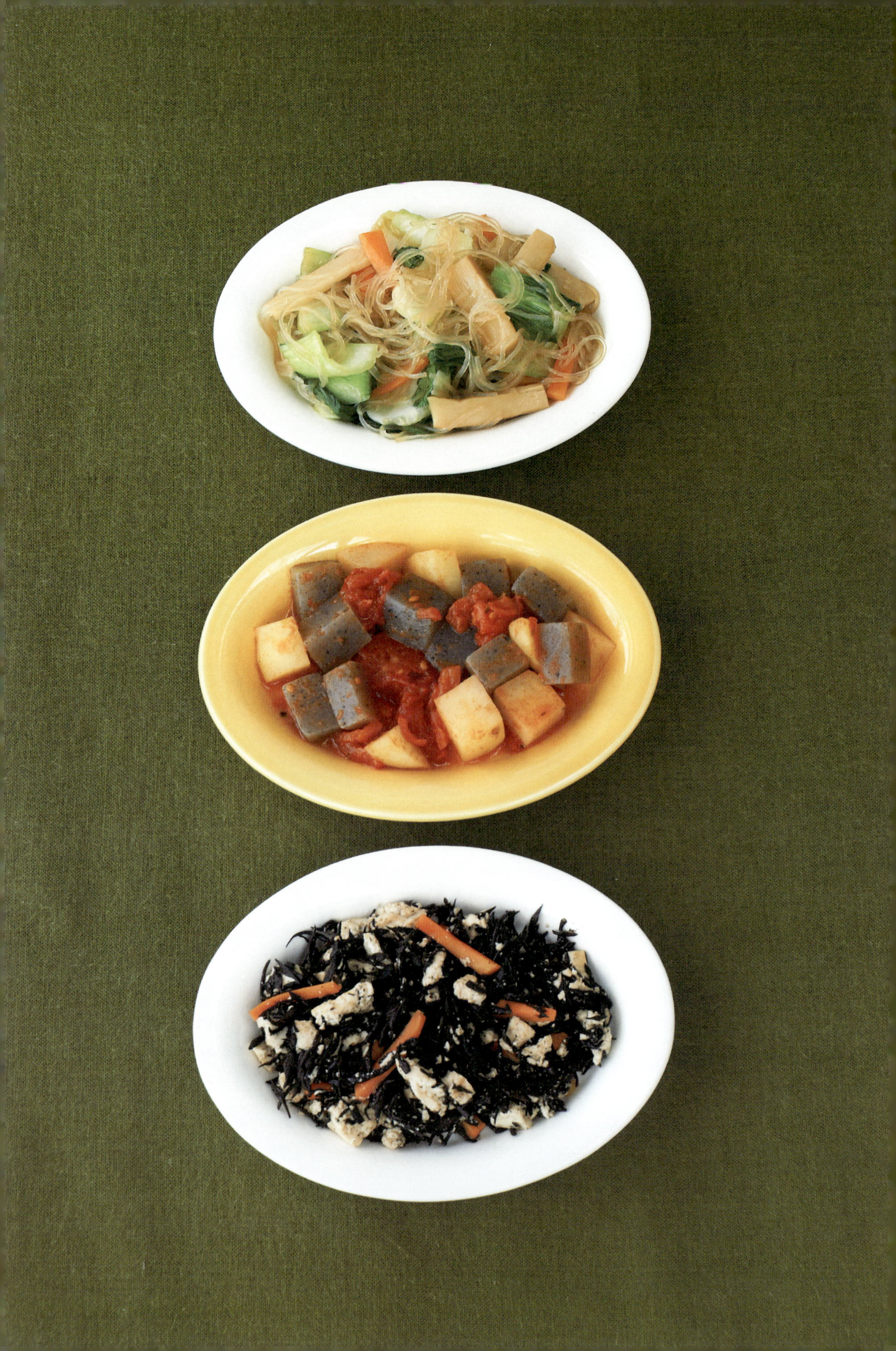

春雨とちんげん菜の炒め物

● 67 kcal　塩分 0.7 g

材料（2人分）
ちんげん菜 ― 1株強(110g)
にんじん ― 1/10本(20g)
春雨(乾) ― 20g
メンマ ― 30g
A｜酒 ― 小1強(6g)
　｜しょうゆ ― 小1(6g)
　｜オイスターソース
　　　― 小1/3(2g)
炒め油 ― 小1弱(3g)

作り方
1. ちんげん菜はざく切りに、にんじんは短冊切りにする。春雨は熱湯で茹でて冷水にとり、ざく切りにする。
2. 鍋に油を熱し、にんじん、メンマ、ちんげん菜、春雨の順に加えて炒める。火が通ったらAを加えて炒める。

こんにゃくのトマト炒め

● 63 kcal　塩分 1.1 g

材料（2人分）
こんにゃく ― 120g
じゃがいも ― 1個(100g)
ホールトマト(缶)
　　― 1/2缶(100g)
コンソメスープ ― 160cc
塩、こしょう ― 少々
オレガノ ― 少々
タバスコ ― 適宜
オリーブ油 ― 小1/2(2g)

作り方
1. こんにゃくは1cm角に切り、茹でる。じゃがいもは1cm角に切り、水にさらして水気を切る。
2. 鍋にオリーブ油を熱し、こんにゃくとじゃがいもを炒める。トマト缶、コンソメスープ、塩、こしょうを加えて煮、オレガノを加えて味をととのえる。好みでタバスコをかける。

ひじき豆腐

● 56 kcal　塩分 1.0 g

材料（2人分）
木綿豆腐 ― 1/4丁(80g)
ひじき(乾) ― 10g
にんじん ― 1/10本(20g)
だし汁 ― 120cc
酒 ― 小1弱(4g)
A｜砂糖 ― 小1弱(2g)
　｜みりん ― 小1(6g)
しょうゆ ― 大1/2強(10g)

作り方
1. 豆腐は水切りをしっかりする。ひじきは水で戻し、水気を切る。にんじんは細切りにする。
2. 鍋にだし汁とひじきを入れてひと煮立ちしたら、にんじん、くずした豆腐、酒を加えて煮る。火が通ったらAを加え、最後にしょうゆを入れて煮る。

小松菜とさつま揚げのコチュジャン炒め

● 63 kcal　塩分 0.9 g

材料（2人分）

さつま揚げ — ½枚強(40g)
にんじん — ⅕本(30g)
長ねぎ — ⅒本(10g)
にんにく — ⅕かけ(1g)
小松菜 — 2株強(120g)

A｜コチュジャン — 小½(3g)
　｜テンメンジャン — 小½(3g)
　｜酒 — 小1強(6g)
　｜塩 — 少々
ごま油 — 小½(2g)

作り方

1 さつま揚げは5mm幅の短冊切り、にんじんは細切り、長ねぎは斜め薄切り、にんにくは薄切りにする。小松菜はざく切りにする。

2 フライパンにごま油とにんにくを入れて弱火で熱し、香りが出たらにんじん、長ねぎを入れて炒める。火が通ったらさつま揚げを加える。小松菜とAを加えてさらに炒める。

きのことれんこんの炒り煮

● 73 kcal　塩分 0.9 g

材料（2人分）
- えのき茸 — 1袋（100g）
- れんこん — 1/2節（100g）
- にんじん — 1/3本（60g）
- めんつゆ（3倍濃縮）— 大1弱（16g）
- だし汁 — 100cc
- 炒め油 — 小1/2（2g）
- 七味唐辛子 — 少々

作り方
1. えのき茸は半分に切ってほぐし、れんこん、にんじんは乱切りにする。
2. 鍋に油を熱し、れんこんとにんじんを炒め、だし汁を加えて煮る。火が通ったらえのき茸を加え、しんなりしたらめんつゆを加えて煮る。
3. 盛り付けて七味唐辛子をふる。

カリフラワーの炒め物

● 42 kcal　塩分 0.9 g

材料（2人分）
- カリフラワー — 1/3株（160g）
- レタス — 1枚弱（20g）
- グリーンピース — 10g
- 桜えび — 少々（1g）
- A
  - しょうゆ — 小1（6g）
  - みりん — 小1/3（2g）
  - 塩 — 少々
  - 中華だし — 80cc
- 水溶きかたくり粉 — 適宜
- 炒め油 — 小1/4（1g）

作り方
1. カリフラワーは小房に切り分け、レタスは食べやすい大きさにちぎる。
2. カリフラワー、グリーンピースをさっと茹でる。
3. 鍋に油を熱し、カリフラワー、グリーンピース、桜えびを炒める。Aを入れてさっと炒め合わせ、水溶きかたくり粉でとろみをつけ、レタスを添える。

れんこんの煮物

小松菜と厚揚げの煮物

豚肉とごぼうの甘辛煮

れんこんの煮物
● 49 kcal　塩分 **1.8** g

材料（2人分）
れんこん — 1/4 節（40g）
にんじん — 1/10 本（20g）
さつま揚げ — 1/6 枚（10g）
切り昆布（乾）— 16g
だし汁 — 100cc
A｜砂糖 — 小1強（4g）
　｜みりん — 小2/3（4g）
　｜しょうゆ — 小1・2/3（10g）

作り方
1. れんこんは乱切りに、にんじん、さつま揚げは短冊切りにする。切り昆布は水で戻す。
2. 鍋にだし汁、Aを沸かし、1を入れて煮汁がなくなるまで煮る。

豚肉とごぼうの甘辛煮
● 90 kcal　塩分 **0.6** g

材料（2人分）
豚もも薄切り肉 — 40g
ごぼう — 2/3 本（100g）
A｜だし汁 — 40cc
　｜砂糖 — 小1強（4g）
　｜しょうゆ — 小1・1/3（8g）
グリーンピース（缶）— 10g
油 — 小1/2（2g）

作り方
1. 豚肉は一口大に切る。
2. ごぼうは厚めのささがきにし、水にさらす。
3. 鍋に油を熱し、豚肉を炒める。ごぼうを加えてさらに炒め、火が通ったらAとグリーンピースを加え、全体によく混ぜながら炒め煮する。

小松菜と厚揚げの煮物
● 104 kcal　塩分 **0.7** g

材料（2人分）
小松菜 — 2株（100g）
にんじん — 1/5 本（40g）
厚揚げ — 2/3 枚（100g）
だし汁 — 100cc
A｜酒 — 小1/2弱（2g）
　｜みりん — 小1/3（2g）
　｜砂糖 — 小1強（4g）
　｜しょうゆ — 小1・1/3（8g）

作り方
1. 小松菜はざく切りに、にんじんは短冊に切る。厚揚げは5mm幅に切って湯通しする。
2. 小松菜を茹でて冷水にとり、水気を絞る。
3. 鍋にだし汁、Aを沸かし、にんじんと厚揚げを入れて煮る。2を加えてひと煮立ちさせる。

私たち、リピーターです！

継続可能な健康的ダイエットに感激

M.Nさん　50代
生命保険会社勤務

丸の内タニタ食堂歴
2012年7月～
成果：10kg減

「忙しい」を理由に、無茶苦茶な生活習慣

　私は、保険会社に18年間も勤務しているのですが、丸の内タニタ食堂に出会うまでは、「健康的」とは言い難い生活を送っていました。

　「仕事が忙しい」「時間がない」というのを理由に、朝ごはんは抜く、昼食は不規則、夕食は遅い。その上、甘いものが大好きで、食べるのも大好き。ピーク時の体重は、身長153cmと小柄ながら、なんと70kgを超えていたかもしれません。

　これでも若い頃は40kgをキープ、スリムで華奢なスタイルが自慢でした。でも、時の流れとともに少しずつ太っていきました。「そろそろダイエットしなきゃ」と思いつつ、私は自分の体重をはかることはありませんでした。怖くて、体重計に乗れなかったのです。

1日1食ダイエットの成功、でも続かないかも……

　そして、2年半前、自宅で心臓が止まるかと思うような強烈な胸の痛みが私を襲いました。翌日病院に行くと、最高血圧は226。幸い、命に別状はありませんでしたが緊急入院。

　「痩せたほうがいい」ときつく言い渡されました。でも、健康に対する自覚、認識が非常に甘く、あんな思いをしたにもかかわらず、具体的な行動もとらず、相変わらずの生活を続けていました。

　そんな中、父が亡くなり、それをきっかけに、真剣に「健康」と向き合おうと思いました。

　私が行ったのは、1日1食というダイエット方法でした。自分なりに頑張って2カ月で4kg減量に成功しました。だけど、もともと食べるのが大好きな私ですから、これは長くは続けられないなと思ったのです。

タニタ式ダイエットなら無理なく続けられる！

　そんなとき「丸の内タニタ食堂」のことを知りました。2カ月間、ほとんど毎日通いました。目標としていたトータル10kg減量も達成し、感謝感謝です。でも、なにがうれしいかというと、血圧のお薬の量が減ったこと、そして1食の満足感がすごいことです。野菜もたっぷり食べられます。

　京都出身の私は本来薄味派。父の転勤で東京に来て、少しずつ濃い味にならされていくことに違和感があったので、丸の内タニタ食堂の味付けは懐かしく、美味しくいただけました。

　その上、「丸の内タニタ食堂」では、「ゆっくり食べましょう」というコンセプトですから、本来食べるのが遅い私にとっては幸せなランチタイムです。お腹も心も満足するタニタ式ダイエットで、これからも楽しく、体重と健康をキープしていきたいと思っています。

タニタ
スイーツ

やっぱりスイーツも食べたい！
タニタの社員食堂では社員の声に応えて
低カロリースイーツも提供し始めました。
やさしい素材の安心おやつです。

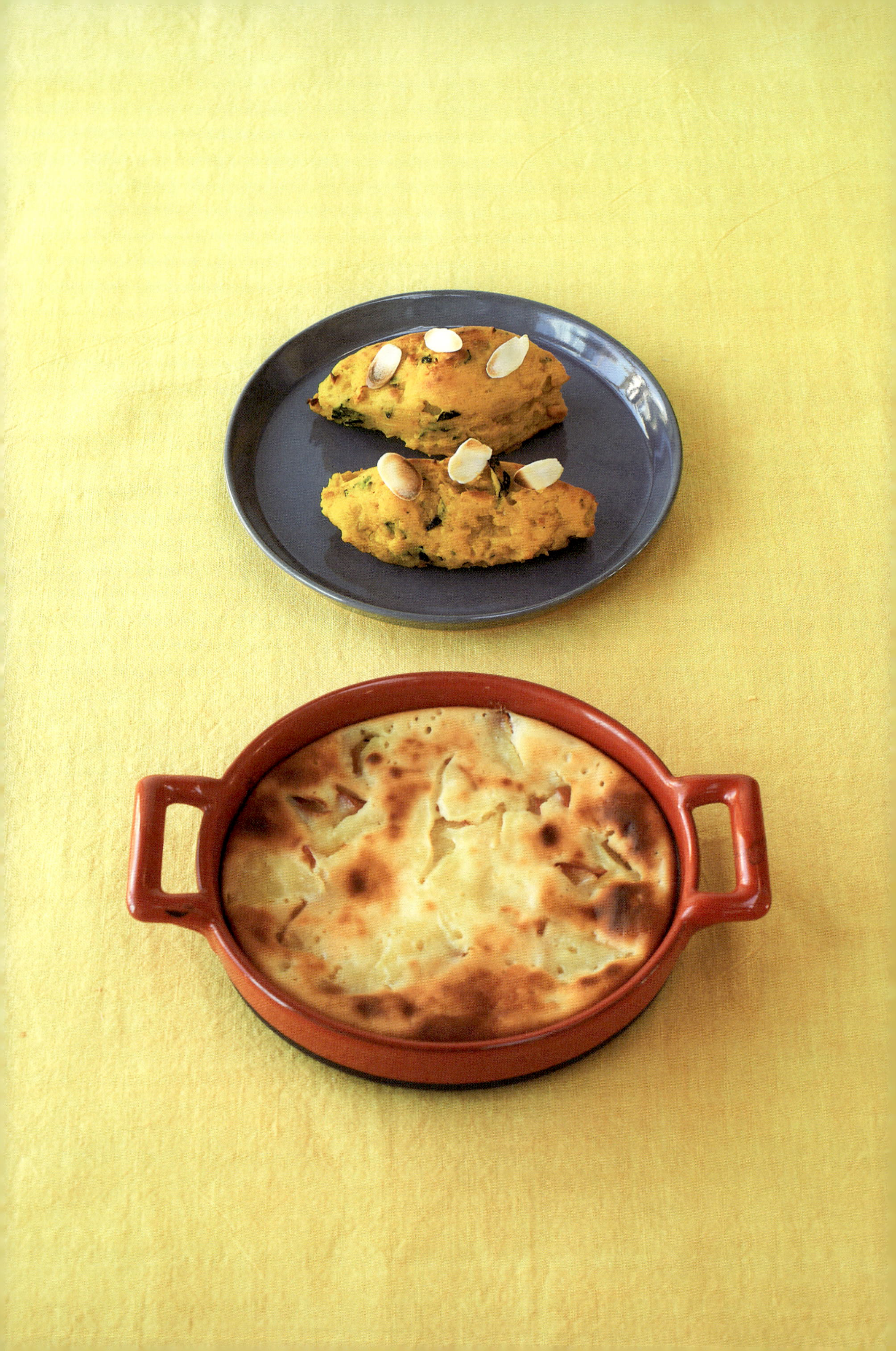

スイートパンプキン

129 kcal
塩分 **0.0** g

きれいな山吹色ところんとした形が可愛い。
ほっこり甘い、やさしい味のスイーツです。

材料（4人分）
かぼちゃ — 240g
砂糖 — 大3・½（32g）
バター — 大½（6g）
牛乳 — 40cc
アーモンド（スライス） — 少々
卵黄（溶いたもの） — 適宜

作り方
1 かぼちゃは一口大に切って電子レンジで5分ほど加熱し、潰す。
2 かぼちゃ、砂糖、バター、牛乳を混ぜる。
3 2をスプーンで成形して表面に卵黄を塗る。アーモンドを飾り、オーブントースターで5分ほど焼く。

ヨーグルトケーキ

64 kcal
塩分 **0.1** g

材料を混ぜて焼くだけの、簡単スイーツ。
しっとりとした生地にりんごのシャキシャキ感が楽しい。

材料（4人分）
りんご — ⅙個（50g）
砂糖 — 大1・½（10g）
A｜プレーンヨーグルト — 60g
　｜小麦粉 — 大2強（20g）
　｜溶き卵 — ⅓個分（20g）
　｜ベーキングパウダー — 小¼（1g）
　｜砂糖 — 大1・⅓（12g）

作り方
1 りんごはいちょう切りにし、砂糖を混ぜる。
2 Aを混ぜて生地を作る。
3 1と2を混ぜて耐熱容器に流し入れ、オーブントースターで10〜15分焼く。焦げそうなときはアルミホイルをかぶせる。

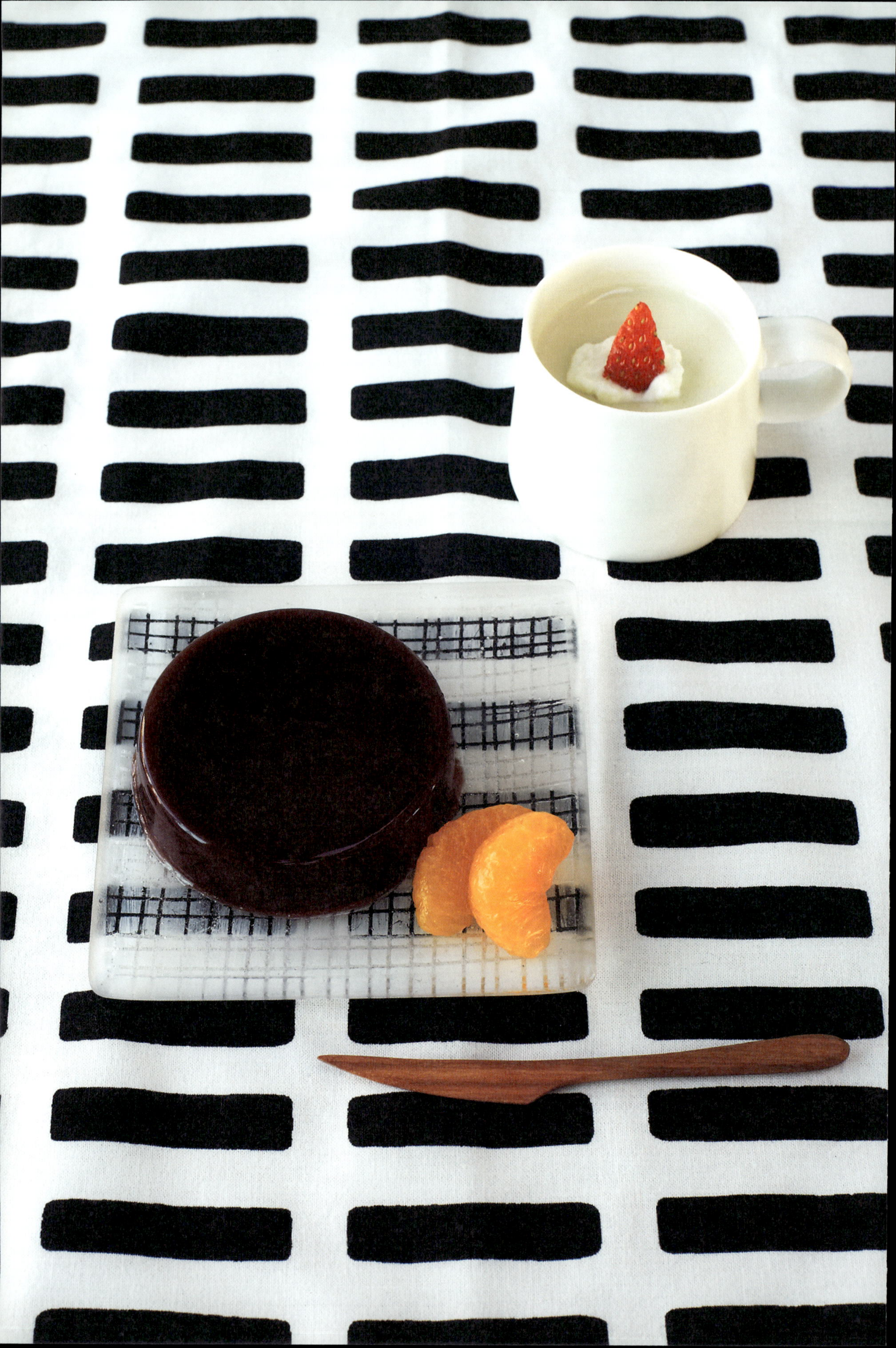

豆乳プリン

82 kcal　塩分 **0.0 g**

真っ白なプリンに真っ赤ないちごを可愛く飾って。
低カロリーなだけでなく、見た目も good。

材料（4人分）
豆乳 — 320cc
砂糖 — 大3・1/2（32g）
粉寒天 — 少々（1.2g）
生クリーム — 大1/5（12g）
いちご（小）— 2個（15g）
バニラエッセンス — 少々

作り方
1. 鍋に豆乳、砂糖、粉寒天を入れて温めながら粉寒天を溶かす。沸騰したら火を止め、バニラエッセンスを加え、器に流し入れる。
2. 冷蔵庫で冷やし、固める。
3. 生クリームをホイップする。
4. 豆乳プリンの上に生クリームといちごを飾る。

水ようかん

91 kcal　塩分 **0.2 g**

鍋で煮立てて冷やすだけ。甘さ控えめの
大人の水ようかんには、みかんで彩りと爽やかさを添えて。

材料（4人分）
こしあん — 200g
水 — 160cc
塩 — 少々
粉寒天 — 1.2g
みかん（缶）— 80g

作り方
1. 鍋にこしあん、水、塩を入れ、よく溶かしてから粉寒天も加え、煮立たせる。
2. 容器に流し込み、冷蔵庫で冷やして固める。
3. みかんを飾る。

かるかん

147 kcal　塩分 0.0 g

やまといものもっちり感とふんわり感が、同時に楽しめます。
緑色が鮮やかな抹茶味も美味しいので、ぜひお試しを。

材料（4人分）
やまといも ― 80g
グラニュー糖 ― 大4・2/3（56g）
水 ― 40cc
上新粉 ― 大8（72g）
黒ごま ― 小1弱（2g）

作り方
1. やまといもはすりおろす。
2. やまといもにグラニュー糖を3回に分けて加え、よく混ぜる。次に水を少しずつ加え、分離しないように泡立て器で混ぜる。さらに上新粉を加えて混ぜる。
3. アルミカップに流し込み、黒ごまをふって蒸し器で15分ほど蒸す。

Point
抹茶味にするには、半分量に対して抹茶小さじ1を加えてください。

タニタ食堂
Q&A

調理方法や食材の活用法、メニューについて
タニタが考える「健康」を
実践していただくための
さまざまなご質問にお答えします。

タニタレシピにまつわる Q&A

調理について

Q テフロン加工のフライパンを持っていません。油を薄く伸ばす方法はありますか。

A レシピの分量よりもほんの少し多めの油を入れてよくまわし、キッチンペーパーで余分な油を吸い取りましょう。

容器の中に食用油を入れて、スプレーで噴射できる「オイルスプレー」というキッチン用品もあります。フライパンの表面に少量の油を広くなじませるのに役立ちます。

Q 大きめの野菜が食べにくいので、細かく切ってもかまいませんか。

A 咀嚼回数を増やして満足度を高める目的で、タニタレシピでは野菜を大きめに切ることをすすめています。

ただ、歯の具合などによって、どうしても食べにくい場合は小さく切って、よく噛んで食べることを心がけてください。

Q 忙しくて調理に手間を割けません。続けるコツはありますか。

A 野菜をまとめて先に刻んでおき、食材を準備してしまうのがおすすめです。タニタの社員食堂でも、仕込みの時間の多くを「きざみ」に割いています。

すべての下ごしらえを済ませてから、食事の時間に合わせてまとめて作るというやり方なら、短時間で調理が済みます。台所もスッキリして、片づけも楽になるはずです。

Q 揚げ物をするのが面倒です。簡単にする方法はありませんか。

A 衣を薄く付けて、フライパンを使って少量の油で焼く「揚げ焼き」という調理法があります。ただし、焦げやすいので火加減に気をつけてください。

肉や魚に衣を付けてから油をまぶし、オーブントースターやグリルで加熱するという方法で作ることもできます。

食材について

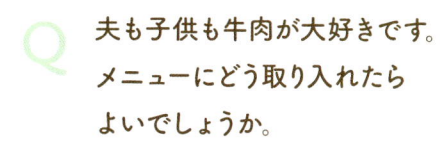

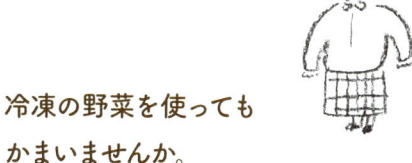

Q 冷凍の野菜を使ってもかまいませんか。

A 栄養面から見て、食材はその日に切ってその日に使うことがベストですが、野菜を積極的に摂り続けることも同じくらいたいせつです。

野菜を摂ることを習慣にするための手助けになるのであれば、冷凍の野菜を使うのもひとつの方法です。下ごしらえをしたあと、小分けにして冷凍しておいて、使い切るのも一つの方法です。

Q 野菜が余ってしまった場合の活用法はありますか。

A スープや汁物に加えて、使い切るというのはいかがですか。野菜であれば、カロリーもあまり心配いりませんし、種類が増えれば増えるほど、野菜の旨味や甘味がプラスされて、美味しくなりますので、ぜひ試してみてください。

だしを取るときに使った昆布も、ごはんに炊き込んだり、刻んでみそ汁や和え物に加えたりすると、ムダなく美味しく食べられます。

Q 夫も子供も牛肉が大好きです。メニューにどう取り入れたらよいでしょうか。

A 牛肉を使う場合には、カロリーの低い部位を選ぶということが一番のポイントです。同じ100gの牛肉を比べた場合、バラは517kcal、ロースは411kcal、モモは246kcal、ヒレは233kcalと、カロリーには相当な差があります。脂身が少ないほど、カロリーも低くなると覚えてください。

Q 我が家では、ごはんは玄米、雑穀米です。

A 白米でなくてもかまいません。タニタの社員食堂では玄米、胚芽米、精白米をローテーションで提供しています。玄米や雑穀米には、精白米よりも血糖値をゆるやかに上昇させるというメリットもあります。

メニューについて

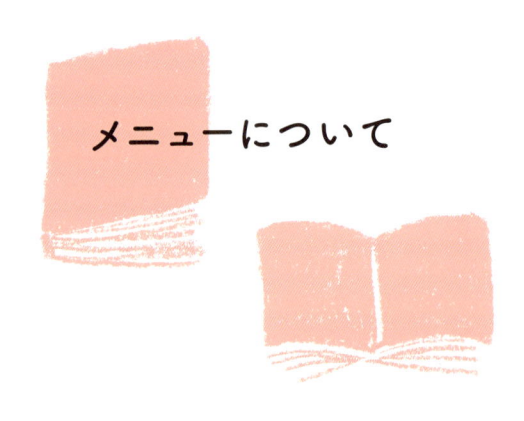

Q 薄味があまり好みではありません。味付けを変えたいのですが……。

A 「最初のうちは慣れない」という方もいるようですが、タニタレシピが薄味に仕上がっていることには理由があります。ついつい摂り過ぎてしまいがちな塩分を控えることで、高血圧やむくみ、米飯の食べ過ぎを防ぐことができるのです。

タニタの社員の中にも、初めのうちは「もの足りない」という声がありましたが、慣れるにしたがってほぼ全員に「薄味のほうが美味しい」「外食は味付けが濃い」と感じてもらえるようになったのです。

どうしてもという場合には、少しずつ塩分を減らすという方法もあります。

Q 子供にも同じメニューを食べさせてよいですか。

A タニタレシピは社員を対象としたメニューであるため、一般的な活動量の成人が必要とするカロリーなどをベースに作られています。そのため、成長期の小学生や中学生にとっては、カロリーなどが少ない可能性があります。

厚生労働省がまとめた「日本人の食事摂取基準」(2010年度版)で、スポーツなどの活発な運動習慣を持つ12～14歳の男児に必要な推定エネルギー量は、1日に2750kcalとなっています。これは、デスクワークをしている成人男性よりも高い数値です。

育ち盛りのお子様には良質なたんぱく質を含む食品や米飯をプラスして、必要な量をしっかり摂れるようにしてあげてください。

Q 社員食堂レシピに比べて、この本のレシピは少し手間がかかります……。

A この本では、「丸の内タニタ食堂」の週替わり定食やお弁当、社員食堂のメニューから新しいレシピをたくさん紹介しています。

「丸の内タニタ食堂」は、社員に対してではなく、お客様に対して料理を提供している食堂です。そのため、社員食堂に比べて少しだけ手のこんだ料理をお出ししている日もあるのです。味には自信があります。ぜひ、トライしてみてください。

その他

Q タニタレシピを続けているのに、なかなか痩せません。

A 摂取カロリーよりも、消費カロリーを増やすことが、ダイエットの基本です。例えば、糖質の多い缶コーヒーや清涼飲料水などから、見えにくいカロリーを摂っているということはありませんか。

ダイエットを成功させるためには、適度にからだを動かすこともたいせつ。「通勤時に1駅歩く」など、カロリー消費に繋がるちょっとした運動を習慣化しましょう。毎日体重や体脂肪率をはかり、記録をすることもお忘れなく。睡眠不足の人や、いつもちょこちょこと食べている人、早食いの人なども痩せにくい傾向にあるようです。

Q はかる時間によって、体重や体脂肪率が違うのはなぜですか。

A 体重は体内の水分量によって変化しています。例えば、70kgの成人男性の場合、1日のうちに水分の出入りだけで最大約2.6kgの体重変動があります。

毎日、決まった時間に「体組成計」に乗れば、正確な変化をとらえやすくなります。とくに、水分量が安定しやすい夕食前の計測がおすすめです。

Q 摂取するカロリーをもっと減らせば、早く痩せることができますか。

A ただ食べる量を減らすだけでは、健康的に痩せることはできません。反対に、必要な栄養素が不足すると、脂肪を消費しにくくなってしまいます。

それどころか、からだを作るために必要なたんぱく質や、代謝を促進するビタミン・ミネラルが不足することで、からだが「痩せてはいけない」という危険信号を出して、さらに脂肪を溜め込む場合もあります。

タニタレシピを活用して、1カ月に1kgを目安にダイエットを行ってください。

Q タニタのアイテムの中から、ダイエットに役立つものを教えてください。

A 「体組成計」があれば、1台で体重、体脂肪率、筋肉量、推定骨量など、からだの詳細な組成をはかることができます。

タニタレシピの実践に役立つのは、なんといっても「クッキングスケール」と「デジタルタイマー」です。

運動には、消費カロリーを記録する活動量計「カロリズム」がおすすめです。血糖値のコントロールを心がけている方は、「携帯型デジタル尿糖計」をお役立てください。

使いまわしさくいん

タニタの願いの一つに「食べ物を無駄にしないこと」があります。
食材を余らせたくないとき、余ったときに便利です。

※ 主 はメインメニュー、副 は副菜、汁 は汁物、ス はスイーツ

野菜

食材	種類	料理名	ページ
アボカド	副	アボカドのカッテージチーズ和え	p57
えのき茸	副	きのこの卵とじ	p29
	主	鮭と4種のきのこの豆乳クリーム	p41
	副	野菜の炒め煮	p41
	主	鮭ときのこの包み蒸し	p47
	汁	えのき茸のスープ	p51
	汁	きのこスープ	p57
	副	野菜の甘酢和え	p81
	副	きのことれんこんの炒り煮	p89
エリンギ	汁	エリンギのスープ	p27
	主	鮭と4種のきのこの豆乳クリーム	p41
	副	エリンギとキャベツの和え物	p51
	主	豚肉の黒こしょう炒め	p72
オクラ	副	鶏肉と根菜の治部煮（じぶに）	p47
	副	だいこんとオクラのなめたけ和え	p49
	副	オクラサラダ	p53
かぶ	主	なすと豚ひき肉のはさみ焼き	p43
	副	かぶのワイン和え	p45
かぼちゃ	主	かぼちゃバーグの和風あんかけ	p39
	副	おさつサラダ	p55
	主	てりやきチキン	p66
	ス	スイートパンプキン	p95
カリフラワー	副	オクラサラダ	p53
	副	カリフラワーの炒め物	p89
キャベツ	副	キャベツとツナの和え物	p25
	副	千切り野菜とくるみのサラダ	p27
	汁	キャベツと油揚げのみそ汁	p39
	副	エリンギとキャベツの和え物	p51
	主	鶏肉のごま味噌焼き	p70
	副	キャベツとわかめのごま酢和え	p81
	副	キャベツとちくわのサラダ	p85
きゅうり	副	新たまねぎのサラダ	p25
	副	きゅうりとコーンのマヨネーズ和え	p29
	副	コーンサラダ	p36
	副	山菜サラダ	p43
	副	おさつサラダ	p55
	副	キャベツとわかめのごま酢和え	p81
	副	野菜の甘酢和え	p81
	副	マカロニサラダ	p84
	副	中華サラダ	p84
ごぼう	汁	油揚げとごぼうのみそ汁	p31
	副	豚肉とごぼうの甘辛煮	p91
小松菜	副	小松菜とさつま揚げのコチュジャン炒め	p88
	副	小松菜と厚揚げの煮物	p91
さつまいも	汁	ひすいすまし汁	p53
	副	おさつサラダ	p55
さといも	副	さといものごま和え	p43
しいたけ	主	かじきとしいたけのマヨネーズ焼き	p25
	主	鮭と4種のきのこの豆乳クリーム	p41
	主	鮭ときのこの包み蒸し	p47
しめじ	副	きのこの卵とじ	p29
	主	真鯛の野菜あん	p33
	副	きのこの炒り豆腐	p39
	主	鮭と4種のきのこの豆乳クリーム	p41
	汁	きのこスープ	p57
じゃがいも	副	じゃがいもとにんじんのツナマヨネーズ	p31
	副	ポテトの洋風煮込み	p57
	副	こんにゃくのトマト炒め	p87
新たまねぎ	副	新たまねぎのサラダ	p25
ズッキーニ	主	チキンの夏野菜ラタトゥイユソース	p31
ぜんまい	副	山菜サラダ	p43
	副	ぜんまいの煮物	p49
だいこん	汁	だいこんの中華スープ	p25
	汁	根菜汁	p29
	副	だいこんとねぎのピリ辛和え	p47
	副	だいこんとオクラのなめたけ和え	p49
	副	だいこんサラダ	p60
	副	だいこんなます	p81
	副	だいこんのなめたけマヨ和え	p83
大豆もやし	副	大豆もやしとほうれん草のナムル	p33
	副	大豆もやしのピリ辛サラダ	p83
たけのこ	副	若竹煮	p31
	副	鶏肉と根菜の治部煮（じぶに）	p47
たまねぎ	主	真鯛の野菜あん	p33
	主	鮭と4種のきのこの豆乳クリーム	p41
	汁	たまねぎのみそ汁	p43
	主	鮭ときのこの包み蒸し	p47
	主	鶏肉のチーズクリームソース	p53
	主	にんじんミートローフの野菜ソース	p57
	主	豚肉の黒こしょう炒め	p72
	主	豚肉と玉ねぎの甘辛炒め	p74
	主	ふわふわつくね	p76
	主	さわらの野菜あんかけ	p77
ちんげん菜	副	春雨とちんげん菜の炒め物	p87
長いも	副	オクラサラダ	p53
なす	主	チキンの夏野菜ラタトゥイユソース	p31
	主	なすと豚ひき肉のはさみ焼き	p43
なめこ	汁	めかぶとなめこのみそ汁	p55
にんじん	副	千切り野菜とくるみのサラダ	p27
	汁	根菜汁	p29
	副	じゃがいもとにんじんのツナマヨネーズ	p31
	副	切り昆布の煮物	p33
	副	野菜の炒り煮	p41
	副	高野豆腐とひじきの煮物	p45
	副	切り昆布の中華炒り煮	p51
	主	鶏肉のチーズクリームソース	p53
	主	にんじんミートローフの野菜ソース	p57

	主 豚肉の黒こしょう炒め	p72	
	主 さわらの野菜あんかけ	p77	
	副 だいこんのなめたけマヨ和え	p83	
	副 きのことれんこんの炒り煮	p89	
白菜	汁 白菜と桜えびのスープ	p41	
バジル	主 タニタ特製ジェノバソース	p37	
ピーマン	主 ささみの唐揚げ	p78	
ブロッコリー	副 ベーコンとブロッコリーのバター炒め	p27	
ほうれん草	主 真鯛の野菜あん	p33	
	副 大豆もやしとほうれん草のナムル	p33	
	副 わかめの菜種和え	p41	
	汁 ひすいすまし汁	p53	
	副 高野豆腐とほうれん草のおひたし	p83	
ホールコーン缶	副 きゅうりとコーンのマヨネーズ和え	p29	
	副 コーンサラダ	p36	
	副 オクラサラダ	p53	
	副 アボカドのカッテージチーズ和え	p57	
	副 マカロニサラダ	p84	
ホールトマト缶	主 チキンの夏野菜ラタトゥイユソース	p31	
	主 にんじんミートローフの野菜ソース	p57	
	副 こんにゃくのトマト炒め	p87	
まいたけ	副 きのこの炒り豆腐	p39	
	主 鮭ときのこの包み蒸し	p47	
みょうが	汁 みょうがのみそ汁	p33	
もやし	汁 もやしとわかめのスープ	p36	
	副 野菜の甘酢和え	p81	
やまといも	ス かるかん	p98	
りんご	ス ヨーグルトケーキ	p95	
レタス	副 新たまねぎのサラダ	p25	
れんこん	副 野菜の炒り煮	p41	
	副 鶏肉と根菜の治部煮(じぶに)	p47	
	主 寒ぶりとれんこんのみぞれ煮	p55	
	副 きのことれんこんの炒り煮	p89	
	副 れんこんの煮物	p91	

肉・魚

かじき	主 かじきとしいたけのマヨネーズ焼き	p25
寒ぶり	主 寒ぶりとれんこんのみぞれ煮	p55
さば	主 さばのねぎ味噌焼き	p68
さわら	主 さわらのベジタルタルソース	p29
	主 さわらのねぎソース	p75
	主 さわらの野菜あんかけ	p77
ちりめんじゃこ	副 だいこんサラダ	p60
たらこ	副 しらたきのたらこ煮	p55
ツナ缶	副 キャベツとツナの和え物	p25
生鮭	主 鮭と4種のきのこの豆乳クリーム	p41
	主 鮭ときのこの包み蒸し	p47
	主 鮭のカレー焼き	p67
	主 鮭の焼き浸し	p71
	主 鮭のこしょう揚げ	p79
生たら	主 たらと温野菜のゆず胡椒あん	p51
真鯛	主 真鯛の野菜あん	p33
むきえび(冷凍)	主 えびのチリソース	p60
ささみ	主 ささみの唐揚げ	p78
鶏ひき肉	主 かぼちゃバーグの和風あんかけ	p39
	主 にんじんミートローフの野菜ソース	p57
	主 ふわふわつくね	p76
鶏もも肉	主 タイ風ココナッツチキン	p27
	主 チキンの夏野菜ラタトゥイユソース	p31
	主 チキンのジェノバクリーム	p36

	主 チキンのカルボナーラソース	p45
	副 鶏肉と根菜の治部煮(じぶに)	p47
	主 鶏唐揚げの黒酢南蛮	p49
	主 鶏肉のチーズクリームソース	p53
	主 てりやきチキン	p66
	主 鶏肉のごま味噌焼き	p70
豚ひき肉	主 なすと豚ひき肉のはさみ焼き	p43
豚もも肉	主 豚肉の黒こしょう炒め	p72
	主 豚肉と玉ねぎの甘辛炒め	p74
	副 豚肉とごぼうの甘辛煮	p91
豚ロース肉	主 豚肉のごまごま焼き	p69
	主 豚肉のしょうが焼き	p73
ベーコン	副 ベーコンとブロッコリーのバター炒め	p27

大豆・豆腐・その他

油揚げ	汁 油揚げとごぼうのみそ汁	p31
	汁 キャベツと油揚げのみそ汁	p39
	副 ぜんまいの煮物	p49
	副 こんにゃくの甘煮	p60
高野豆腐	副 高野豆腐とひじきの煮物	p45
	副 高野豆腐とほうれん草のおひたし	p83
豆乳	主 鮭と4種のきのこの豆乳クリーム	p41
	ス 豆乳プリン	p97
厚揚げ	副 小松菜と厚揚げの煮物	p91
木綿豆腐	主 かぼちゃバーグの和風あんかけ	p39
	副 きのこの炒り豆腐	p39
	主 ふわふわつくね	p76
	副 ひじき豆腐	p87
こんにゃく	副 こんにゃくのテンメンジャン炒め	p39
	副 こんにゃくの甘煮	p60
	副 こんにゃくのトマト炒め	p87
しらたき	副 野菜の炒り煮	p41
	副 しらたきのたらこ煮	p55
さつま揚げ	副 切り昆布の煮物	p33
	副 小松菜とさつま揚げのコチュジャン炒め	p88
	副 れんこんの煮物	p91
ちくわ	副 キャベツとわかめのごま酢和え	p81
	副 キャベツとちくわのサラダ	p85
春雨(乾)	汁 中華スープ	p60
	副 中華サラダ	p84
	副 春雨とちんげん菜の炒め物	p87
切り昆布(乾)	副 切り昆布の煮物	p33
	副 れんこんの煮物	p91
切り昆布(生)	副 切り昆布の中華炒り煮	p51
ひじき(乾)	副 高野豆腐とひじきの煮物	p45
	副 ひじき豆腐	p87
めかぶ	汁 めかぶとなめこのみそ汁	p55
わかめ(乾)	副 きのこの卵とじ	p29
	副 若竹煮	p31
	汁 もやしとわかめのスープ	p36
	副 わかめの菜種和え	p41
	汁 わかめとねぎのコンソメスープ	p47
	副 キャベツとわかめのごま酢和え	p81
	副 キャベツとちくわのサラダ	p85
なめたけ	副 だいこんとオクラのなめたけ和え	p49
	副 だいこんのなめたけマヨ和え	p83
カッテージチーズ	副 アボカドのカッテージチーズ和え	p57
	副 マカロニサラダ	p84
プレーンヨーグルト	ス ヨーグルトケーキ	p95
こしあん	ス 水ようかん	p97

食材分量の目安（※）

食材分量の目安を、写真でイメージしやすくしています。
可食部100g当たりのカロリー（kcal）も、参考にしてください。

厚揚げ 1枚150g 150kcal/100g	**油揚げ** 1枚20g 386kcal/100g	**アボカド** 1個200g 187kcal/100g	**いんげん** 1本10g 23kcal/100g	**えのき茸** 1袋100g 22kcal/100g
エリンギ 1本40g 24kcal/100g	**オクラ** 1本10g 30kcal/100g	**かぶ** 1個80g 20kcal/100g	**かぼちゃ** ¼個420g 91kcal/100g	**カリフラワー** 1株500g 27kcal/100g
きぬさや 1枚3g 36kcal/100g	**キャベツ** 1枚80g 23kcal/100g	**きゅうり** 1本100g 14kcal/100g	**ごぼう** 1本150g 65kcal/100g	**小松菜** 1株50g 14kcal/100g
高野豆腐 1個18g 529kcal/100g	**さといも** 1個30g 58kcal/100g	**さつま揚げ** 1枚65g 139kcal/100g	**さつまいも** 1本300g 132kcal/100g	**サラダ菜** 1株100g 14kcal/100g
しいたけ 1枚15g 18kcal/100g	**しめじ** 1パック100g 18kcal/100g	**じゃがいも** 1個100g 76kcal/100g	**しょうが** 1かけ12g 30kcal/100g	**ズッキーニ** 1本200g 14kcal/100g
スナップえんどう 1本5g 43kcal/100g	**セロリ** 1本100g 15kcal/100g	**ぜんまい（水煮）** 1本15g 29kcal/100g	**だいこん** 1本1kg 18kcal/100g	**たけのこ（水煮）** 1個200g 26kcal/100g

※分量についてはその食材によって大きさが異なるため、あくまでも目安としてお考えください。
100g当たりのカロリーは、5訂増補食品成分表に基づき、計算したものです。

食材	分量	カロリー
卵	Mサイズ1個60g	151kcal/100g
たまねぎ	1個200g	37kcal/100g
ちんげん菜	1株100g	9kcal/100g
トマト	1個150g	19kcal/100g
長ねぎ	1本100g	28kcal/100g
なす	1本100g	22kcal/100g
なめこ	1袋100g	15kcal/100g
にんじん	1本200g	37kcal/100g
にんにく	1かけ7g	134kcal/100g
白菜	1枚100g	14kcal/100g
パプリカ黄	1個150g	27kcal/100g
パプリカ赤	1個150g	30kcal/100g
万能ねぎ	1本4g	27kcal/100g
ピーマン	1個30g	22kcal/100g
麩	1個1g	385kcal/100g
ブロッコリー	1株300g	33kcal/100g
ほうれん草	1株50g	20kcal/100g
ホールトマト缶	1個50g	20kcal/100g
干ししいたけ	1枚2g	182kcal/100g
まいたけ	1パック100g	16kcal/100g
マッシュルーム	1個10g	11kcal/100g
水菜	1株30g	23kcal/100g
ミニトマト	1個10g	29kcal/100g
木綿豆腐	1丁300g	72kcal/100g
もやし	1袋250g	15kcal/100g
ヤングコーン	1本6g	29kcal/100g
ラディッシュ	1個10g	15kcal/100g
レタス	1枚30g	12kcal/100g
れんこん	1節180g	66kcal/100g
りんご	1個300g	54kcal/100g

調味料分量換算表

この本で使う調味料の目安分量と100g当たりのカロリー(kcal)です。
分量をきっちりはかって、カロリーを意識して料理を作ってみてください。

	小さじ1	大さじ1	100g当たりのカロリー
砂糖(上白糖)	3g	9g	384kcal
三温糖	3g	9g	382kcal
グラニュー糖	4g	12g	387kcal
食塩	6g	18g	0kcal
酒	5g	15g	107kcal
酢	5g	15g	25kcal
しょうゆ	6g	18g	71kcal
みそ	6g	18g	192kcal
みりん	6g	18g	241kcal
みりん風調味料	6g	18g	226kcal
ケチャップ	5g	15g	119kcal
ウスターソース	6g	18g	117kcal
マヨネーズ(カロリー半分)	4g	12g	333kcal
オイスターソース	6g	18g	107kcal
めんつゆ(3倍濃縮)	6g	18g	98kcal
ポン酢しょうゆ	5g	15g	60~80kcal*
豆板醤	6g	18g	60kcal
コチュジャン	6g	18g	256kcal*
テンメンジャン	6g	18g	250~280kcal*
カレー粉	2g	6g	415kcal
練りからし	5g	16g	315kcal
粒マスタード	6g	18g	229kcal
コンソメ	キューブ1個4g		235kcal
すりごま	5g	15g	599kcal
白ごま	3g	9g	599kcal
ワイン	5g	15g	73kcal
白ワインビネガー	5g	15g	22kcal
バルサミコ酢	5g	16g	88kcal
オリーブ油	4g	12g	921kcal
ごま油	4g	12g	921kcal
サラダ油	4g	12g	921kcal
バター	4g	12g	745kcal
牛乳	5g	15g	67kcal
生クリーム(乳脂肪)	5g	15g	433kcal
小麦粉(薄力粉)	3g	9g	368kcal
粉チーズ	2g	6g	475kcal
パン粉(乾燥)	1g	3g	373kcal
かたくり粉	3g	9g	330kcal
上新粉	3g	9g	362kcal

※メーカーによっては分量、カロリーの変わるものもあります。あくまでも目安として、これを参考に計量してください。
100g当たりのカロリーは、5訂増補食品成分表に基づき、計算したものです。

タニタの取り組み

「健康をはかる」から「健康をつくるへ」

　株式会社タニタは、いま大きな変革期にあります。タニタはこれまで健康をはかるリーディングカンパニーとして、体脂肪計や体組成計、活動量計、デジタル尿糖計、睡眠計などさまざまな健康計測機器を世に送り出すとともに、新しい健康の指標を提唱してきました。そしてその事業領域は健康をはかる機器から、健康をつくるサービスへと拡大してきています。

　タニタではそれぞれのライフステージに合わせた適正体重を維持するための健康サイクルとして「食事」「運動」「休養」をバランスよくとることを推奨しています。この健康サイクルを、具体的な目標を立てて実践できるように、からだの詳細な状態を「見える化」する計量計測機器と、そのデータをもとに目標の実現に向けたサポート（サービス）態勢を整えつつあります。

　なかでも入口となる食事に関しては、キラーコンテンツを得ることができました。社員食堂がメディアで取り上げられ、そのレシピをまとめた『体脂肪計タニタの社員食堂』が正編・続編の累計494万部という空前のベストセラーとなり、食習慣のあり方を見直す社会現象を巻き起こしたのです。そして2011年1月に、本書のタイトルともなっている丸の内タニタ食堂を開業しました。

丸の内から日本を元気に！「食」のソリューション

　コンセプトは「丸の内から日本を元気に」。栄養バランスのとれたタニタ社員食堂のメニューを忠実に再現するだけでなく、音楽や香りなどにもこだわり、楽しくコミュニケーションをとりながら食事ができる新しい食卓の空間づくりを目指しました。おかげさまで開業1周年を迎えた現在も盛況で、延べ10万人以上のお客様に利用していただいています。

　それは新しい「食」のソリューションを通じて、タニタが推奨する健康のサイクルが受け入れられたことを意味します。これを踏まえタニタは、健康総合企業として生活者一人ひとりの健康を見守る「健康プログラム」の普及に努めていきたいと考えています。日本では少子高齢化が進み、医療費削減は待ったなしの状況にあります。健康寿命を延ばすことは、病気にならないことです。そのためには常に自身の健康状態を数値として把握し、適切な食事、運動、休養をとることが重要です。

　タニタの健康プログラムはこれを一気通貫で実践できるものです。すでに全社員を対象に実施し、医療費の削減に成功しました。この実績は優良企業事例として、平成24年版の厚生労働白書に取り上げていただきました。

　日本をもっと健康に──。タニタは微力ながらそのお手伝いをさせていただきたいと考えています。

ようこそ、丸の内タニタ食堂へ！

丸の内タニタ食堂を切り盛りしているスタッフは総勢8名と、少数精鋭。
仕事はテキパキ、返事はハキハキ。なおかつ笑顔で、和やかムードが魅力です。
ぜひ一度、タニタ自慢の食堂へお立ち寄りください。

明るく清潔感のある店内。各テーブルには20分以上かけて食事をするためのデジタルタイマーや米飯のカロリーがはかれるデジタルクッキングスケールが備えられている。

いらっしゃいませ。この本でもご紹介している丸の内タニタ食堂自慢の定食をお召し上がりください

丸の内タニタ食堂　運営責任者
南 修二さん

主にお客様のご案内を担当しています。お店の雰囲気からお客様との会話に至るまで、リラックスしていただけるような環境づくりを心がけていますね。スタッフの対応はもちろん、お店の内装、BGM、アロマなど、味覚以外の部分でも心地よいと感じていただきたいです。カウンセリングルームもご活用ください。健康的な食生活を続けられるための、お手伝いができればうれしいですね。

チーフ
加藤めぐ美さん

毎日、300〜400食の定食をご用意していますが、お肉のメニューはとくに人気があって、早めに売り切れてしまうこともあります。ご注文いただいてから盛り付けをしているため、多少お待たせすることもありますが、ご容赦ください。カロリーが適正であるように分量をしっかりはかって、温かいお料理を提供したいと思います。スタッフ一同、ご来店をお待ちしています。

濱田優紀さん

私は福岡出身ですが、先日たまたまお声をかけてくださったお客様が同郷の方でした。驚いたけど、嬉しかったです。遠方から来られる方にも、食べてほっとする、期待を裏切らないおいしさを提供したいです。薄味であることやご飯の量についてご質問を受けたときは、タニタ食堂のコンセプトをご理解いただけるように、丁寧にご説明をしています。

梶原純子さん

主に、調理や盛り付けを担当しています。心がけていることは、お料理の一つひとつを、丁寧に、素早く、美味しそうに仕上げること。温度管理をしっかり行うなど、当たり前のことを確実にこなせるようにしています。もちろん、味見も必ず行っています。子供が二人いるので、これからもっと子供向け・ファミリー向けのレシピも増えればうれしいですね。

若林真由子さん

オープンして1年以上が経ち、常連の方も増えてきたようです。「美味しかったよ！」と声をかけてくださるお客様もいらっしゃって、とてもうれしいですね。お客様とのコミュニケーションはもちろん、仕事を円滑に進めるために、スタッフ同士の日々のコミュニケーションもたいせつにしています。ぜひ、一度タニタ定食を食べに来てください。

川崎裕子さん

栄養のバランスがよいうえに、カロリーも抑えられたタニタレシピはどんな方でもきっと健康になれる食事です。私自身も進んで野菜を食べるようになり、2kg痩せました！　近隣におつとめされているビジネスパーソンには、ぜひ継続して来ていただきたいですね。お魚のメニューの日を楽しみにして、朝一番に整理券をとりに来てくださるお客様などもいらっしゃいますよ。

塚本珠代さん

カウンセリングルームでは体重や部位ごとの脂肪率・筋肉量などの体組成を計測し、アドバイスを行っています。1回約5分程度なので、自分のからだを知るためにもぜひご利用いただければと思います。うれしいことに、リピーターの方の多くに体脂肪率の減少などのよい結果が出ています。ダイエットや、食事、運動のことで、気になることがあればご相談ください。一緒に目標づくりをして、健康的な生活習慣を目指してがんばりましょう。

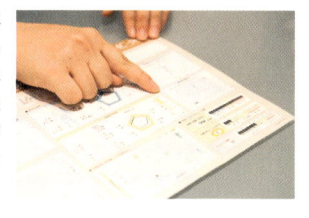

210万円の体組成計でからだの中を徹底計測します！

プロフェッショナル仕様の体組成計で計測したらすぐにチャートにしてくれる。体脂肪率、基礎代謝量はもちろん、脂肪量や筋肉量、推定骨量などもわかる。また、左右のボディバランスも数値化し、徹底的にからだをはかってくれる。

カウンセリングルームでは計測だけでなく、管理栄養士によるアドバイスも受けられる。

丸の内タニタ食堂でも購入できます！

左右のボディバランスが50g単位でわかる「左右部位別体組成計インナースキャンV50」(BC-622)

0.5g単位。米飯（白米）のカロリーもはかれる「デジタルクッキングスケール」(KD-195)

マカロンのデザインで、タイムアップ・ダウンの設定もできる「デジタルタイマー」(TD-397)

1日の摂取目標と消費目標を表示してダイエットをサポートする「カロリズムDIET」(AM-130)

丸の内タニタ食堂

2011年1月、東京・丸の内にオープン。

タニタの社員食堂のコンセプトを忠実に再現し、500kcal前後、塩分3g前後、野菜はたっぷりの栄養バランスのとれた2定食をセルフサービスで提供している。

日替わり定食は、実際にタニタの本社で提供されているメニューと同じもので、800円。

週替わり定食はメイン料理が丸の内タニタ食堂オリジナルレシピとなり900円。

プロフェッショナル仕様の体組成計を備えたカウンセリングルームでは、管理栄養士から計測結果に基づいた食事アドバイスが受けられる。

また独自のヒーリング音楽が流れるほか、店内入口とカウンセリングルームには、オリジナルアロマオイルによる香りの演出をし、癒しや活力を生み出す空間を作りだしている。

営業時間外は、健康にまつわるセミナーの開催やイベントを実施。ショールームなどのアンテナショップとしても、社外に向けた情報発信の場として活用している。

丸の内タニタ食堂
行列のできる
500kcalのまんぷく定食とお弁当

2013年4月20日　第1刷発行

著者	タニタ
発行者	佐藤靖
発行所	大和書房
	東京都文京区関口1-33-4
	〒112-0014
	電話　03-3203-4511

ブックデザイン	塚田佳奈（ME＆MIRACO）
写真	下村しのぶ
スタイリング	四分一亜紀
イラスト	北村人
文	平野良子・林真理子
校正	メイ
印刷所	凸版印刷
製本所	ナショナル製本
企画編集	長谷川恵子（大和書房）

「タニタ食堂」「タニタ社員食堂」は、株式会社タニタの登録商標です。

> 本の内容に関するお問い合せは
> 03-3203-4511（大和書房）
> までお願いいたします。

©2013　TANITA.co　Printed in Japan
ISBN978-4-479-92060-1
乱丁本、落丁本はお取替えいたします。
http://www.daiwashobo.co.jp/